对外汉语教学语法丛书
总主编　齐沪扬

第三辑
量　词

李劲荣　主编
孙鹏飞　著

北京语言大学出版社
BEIJING LANGUAGE AND CULTURE
UNIVERSITY PRESS

© 2023 北京语言大学出版社，社图号 24072

图书在版编目（CIP）数据

量词 ／ 李劲荣主编；孙鹏飞著. -- 北京：北京语言大学出版社，2024.6

（对外汉语教学语法丛书 ／ 齐沪扬总主编）
ISBN 978-7-5619-6566-5

Ⅰ．①量… Ⅱ．①李… ②孙… Ⅲ．①汉语－数量词－对外汉语教学－教学研究 Ⅳ．①H195.3

中国国家版本馆 CIP 数据核字（2024）第 101918 号

量词
LIANGCI

排版制作：北京光大印艺文化发展有限公司
部分图片供稿：视觉中国
责任印制：周 燚

出版发行：北京语言大学出版社
社　　址：北京市海淀区学院路 15 号，100083
网　　址：www.blcup.com
电子信箱：service@blcup.com
电　　话：编 辑 部　8610-82303647/3592/3395
　　　　　国内发行　8610-82303650/3591/3648
　　　　　海外发行　8610-82303365/3080/3668
　　　　　北语书店　8610-82303653
　　　　　网购咨询　8610-82303908
印　　刷：北京联兴盛业印刷股份有限公司

版　　次：2024 年 6 月第 1 版　　印　　次：2024 年 6 月第 1 次印刷
开　　本：787 毫米 × 1092 毫米　1/16　印　　张：14.25
字　　数：229 千字
定　　价：75.00 元

PRINTED IN CHINA
凡有印装质量问题，本社负责调换。售后QQ号 1367565611，电话 010-82303590

总　序

摆在读者面前的，是国家社科基金重大项目"对外汉语教学语法大纲研制和教学参考语法书系（多卷本）"（17ZDA307）的所有成果。这些成果包括大纲系列4册、书系系列26册、综述系列8册，以及选取研究过程中发表的一部分优秀学术论文集辑而成的论文集1册，共计39本著作，约700万字。这个项目的研制，历时5年有余，参加的研究人员多达50余人，来自国内和海外近30所高校。

2017年11月，全国哲学社会科学工作办公室正式公布"2017年度国家社科基金重大项目立项名单"。2018年4月14日，国家社科基金重大项目"对外汉语教学语法大纲研制和教学参考语法书系（多卷本）"的开题报告会举行。2019年8月，2017年度国家社科基金重大项目中期检查评估报告提交，2023年1月召开课题结项鉴定会。

根据专家组意见，特别是专家组组长赵金铭教授两次谈话的意见，按照全国哲学社会科学工作办公室立项通知书上的要求，本项研究牢固树立问题意识、创新意识和精品意识，立足学术前沿，体现有限目标，突出研究重点，注重研究方法，符合学术规范。项目的执行情况、所解决的问题和最终成果如下：

大纲、书系和综述是主要的研究成果。三类不同的成果面对的读者是不一样的：大纲是给教师教学与科研使用的，同时也顾及学习汉语、研究汉语的一些国际学生；书系主要是给在一线教学的对外汉语教师看的，以解决这些教师在教学过程中的实际问题为目的；综述是对大纲和书系的补充，主要面向对外汉语教师、汉语国际教育专业研究生和本科生，以及需要进一步了解、研究相关领域的群体，为这些人继续研究相关问题提供材料和方法。三种不同的读者群体决定了三类成果的不同写法。

1. 大纲研制

大纲研制的最终成果是两套大纲：分级大纲（初级大纲和中级大纲）和分类大纲（书面语大纲和口语大纲），共 4 册。语法大纲不局限于语法知识本身，而是以学习者语言能力的培养为目标。凡是能促进学习者语言能力的语法项目都应析出为大纲的项目。语法项目的编排依据的是语法形式，使用条件式来描述细目的功能。使用条件式有利于促进语法知识转化为语言能力。

分级大纲中语法项目的等级不宜简单理解为语言本身的难度区分，更应理解为习得过程性的内在要求。以促进学习者生成语言能力为目标，支持学习者语言能力生成的语法项目都应列目，项目编排以语法结构为基础，细目的描写以促进语言能力生成为重。大纲体现习得的过程性，总体上为螺旋形呈现。

目前对外汉语教学和科研依据的都是通用语体的语法大纲，至今尚没有分语体的大纲问世，这种状况显然与发展迅速的第二语言教学事业不相适应。书面语语法大纲和口语语法大纲的研制，填补了大纲研究的空白，在今后的教学指导、教材编撰、汉语水平测试等方面，都能发挥很大的作用。

2. 书系研发

我们在全国范围内分三批次遴选和推荐了撰稿人，这些撰稿人都有长期从事对外汉语教学的经历，且都是语法专业背景出身。从目前情况看，学术界和教学界都需要这一类书，这套书也具有填补空白的作用。而且，这套书是开放性的，条件成熟了可以再继续做下去，达到 30 本到 50 本的规模，甚至再多一些都是可能的。

书系的研发应以"语法项目"作为书名，不求体系完整，成熟一本撰写一本；专业性不能太强，要考虑到书系的读者需求，他们阅读这本书是为了解决教学上的问题，除了必要的理论阐述和说明之外，要尽量早一点儿切入到教学中去；提出的问题要切合教学实际，60~80个问题，其实就是这本书的目录，有人来查，很快就能对症下药，找到自己想要的东西；提的问题要有针对性，要有实用性，针对学生的水平等级，围绕这个语法项目，把教学上可能遇到的问题按等级排序。总之，这是一套深入浅出的普及性小册子，一定会受到广大对外汉语教师的欢迎。

3. 综述编著

按照标书要求，阶段性成果包括两套综述汇编。编著这两套综述汇编，首先是项目研制的需要，是和大纲研制、书系研发互相支撑、互相配合的；其次是近20年的综述汇编，学术界和出版界均尚无相关成果问世，很多研究者迫切需要这方面的资料；最后是这套综述汇编的写法与其他综述成果不同，两套综述不仅仅是"资料汇编"，里面更有很多作者的评议和引导，是"编著"类的"综述"，这类"综述"其实是不多的。这样的写法比目前在做的或者已经出版的"综述"要科学得多，实用得多。

综述分为两套：《近20年对外汉语语法教学研究》和《近20年汉语作为第二语言语法习得研究》。综述的主要读者应该是研究者，是关心该领域的研究者，作者收集的材料要尽可能齐全，作者所做的分析要有依据，作者做出的解释要能让研究者信服。两套综述都能做到对相关问题做出梳理，述评结合，突出评价的学术性、原创性和实用性，力图使读者对相关论题有一个全面的认识和深刻的思考，并为进一步的研究提供方向。

对上述这些成果的介绍只能点到为止，事实上，具体到每一本著述，都是有必要重点介绍的。好在每套书都另有主编，请读者自行阅读每套书的主编写的"序"吧。我这里还想向读者介绍的是这些著述的作者们，没有他们，这些成果难以问世。

本项课题涉及面广，研究人员多，在最初填写招标书时我们已经意识到了："本项研究工程浩大，……大纲和书系非一校之力可完成，将集中全国不同高校共同承担。"本课题前后参加研究的人员有50多人,分布在国内及海外近30所高校。如何将这些研究人员组织起来,集思广益,凝神聚力?课题组在"集全国高校之力"上,下了大力气。

原先设想由某个高校具体负责某块项目研究,但该想法在实际操作中遇到了问题。开题报告会后,课题组调整后的组织方式体现出优势来。四个研发小组的组长取代了原来子课题负责人的职位和功能,优势体现在:他们面对的是具体的项目,而不是具体的研究人员;他们针对项目选取研究人员,而不是为已有的研究人员配备研究内容;他们可以从全国高校选择自己相中的研究人员,而不需采取先满足校内再满足校外的程序和方式。人尽其才,物尽其用,效率提高,质量保证,自然是意料之中的结果。例如,书系组的20多位作者来自15所高校,综述组的作者来自12所高校。这是第一个方面。

第二个方面,就是充分利用会议的机会,将会议定位于有目标的会议、有任务的会议,让会议开出成效来。自课题立项之后,围绕着课题的研究进展,课题组已经开过多次会议。一是一年一度的"教学语法学术讨论会",课题组所有人员都参加,至今已经开过多届:淮北(2017)、扬州(2018)、南宁(2019)、黄山(2020),等等。二是一年多次的课题专项讨论会,有需要就开。如在杭州,就分别开过综述组、数据平台组、书系组的专项讨论会;在南京、上海都开过大纲组的专项讨论会;2020年7月,在腾讯会议上开过两次大纲组的专项讨论会;等等。这些会议目标明确,交流便捷,解决问题能力强,时间跨度短,是联络不同高校研究人员的好方式。

这套书的所有主编和作者都十分尽力。对外汉语教师的工作量很大,大多数人都有每周10节以上的课时量;况且,大多数人的手上还有自己的科研项目要做,还有自己指导的研究生的论文要看,还有各自的不同研究论文要写。种种忙碌和辛苦之中,要挤出这么多时间和精力,去从事另外一块研究任务,还是高标准、有要求、无报酬的研究任务,如果没有一种对对外汉语教师这个职业的由衷热爱,没有一种为对外汉语教学事业做点儿贡献的精神支撑,他们是断然不可能接受这样的研究任务的。更何况有些作者接受了两项不同的研究任务,研究强度和研究压力可想而知。因此可以这么说,这些成果渗透着作者们的辛劳，饱含着作者们的心血，每一本都是"呕心之作"，这样的赞誉是得当的。

北京语言大学出版社是这个项目的合作者和推动者。项目立项不久，出版社和课题组就有过接触。出版社前后两任社长和总编辑都向课题组表过态，希望这个课题的所有成果能在北京语言大学出版社出版，出版社愿意为课题的宣传、推广、出版尽责任，做贡献。2020年1月，课题组和出版社有过进一步的密切联系，敲定了详细的合作计划。2022年3月，出版社申报的"对外汉语教学语法丛书"成功入选2022年度国家出版基金资助项目。这些成果的出版，没有出版社的支持是做不到的。

再次感谢在漫长的研究过程中给予我们支持、帮助的所有老师和朋友。

对于这套教学参考语法书系，这里想重点介绍下这套书系的编撰特点和编撰原则。编撰特点可以归纳为以下四点："设计理念要接受多元的语言学理论指导""编撰方针是两种语法分析方法的结合""结构框架要考虑本体研究和教学研究的需要""问题设计要以'碎片化'语法为主"。关于这四点的具体阐述就不再展开了，事实上读者通过这四点已经可以大致了解这套书系的编撰理念了。入选的26本专著选取了不同的语法项目作为书名，面对不同的主题，每本书都会在不同层面、不同角度、不同对象上反映出这套书系的整体面貌和阐述形式，以及结构框架和问题设计，值得一读。

这套教学参考语法书系两个必须遵守的编撰原则是普及性和实践性。普及性原则体现在要做到对读者进行语法知识的普及。语法知识普及要考虑两个方面的问题：一是理论知识的普及，一是语法术语的普及。书系的编写还要遵守实践性的原则，这个原则体现在三个方面：一是面向教学实践，二是面向教师群体，三是面向教学语法。这套书系不以学术高度与理论深度为目标，而以是否能够解决实际问题为标准。出版这样的系列丛书尚属首次，相信普及性原则和实践性原则会使这套书系更接地气，更受欢迎。

教学参考语法书系研发是和汉语教学语法大纲研制平行的、互相支撑的一项研究，书系是以大纲为参照编写的，作为本体研究和教学研究的重要工具书，是对大纲的深化和阐述。书系书目的确定，编写方式的确定，以至于作者队伍的确定，都尽量做到和大纲的研制同质同步。当然，由于书系服务的目标人群和大纲不完全一样，作者会更多地关注语法教学的实效性，对具体问题的一些处理，可能会有与大纲不同的地方，这一点也是需要说明的。

谨以此作为总序。

齐沪扬

初稿于 2020 年 7 月

二稿于 2022 年 5 月

三稿于 2022 年 12 月

序

　　在汉语作为第二语言教学的进程中,词类教学的景况用"冰火两重天"来形容并不为过:虚词是"火",实词是"冰"。也就是说,虚词一直是汉语语法教学的重点内容,实词(除量词外)向来只充当"配角"。形成这一局面自然与词类本身的特点有关。从汉语自身看,汉语的虚词虽然相对封闭,但种类多样,用法灵活,功能强大,个性特征十分鲜明,由此成为二语学习者不易掌握的习得难点;而实词尽管开放,但词类内部的共性特征相对较突出,二语学习者可以以"类"的方式习得。从语言之间的类型比较看,实词是语言共性的一个表现,虚词则体现的是语言之间的类型差异,因为不管哪种语言,一般都有实词(特别是名词和动词),但是,不是每种语言都有虚词(尤其是语气词和助词等),共性易习得,差异难习得。

　　尽管如此,汉语实词的类型特征仍不该被忽视。比如,数词有"二"和"两"之分,概数义的词语又有"多""把""来"和"左右""上下""前后"等不同表达;形容词分为性质形容词和状态形容词两大类,性质形容词又有单音节和双音节的区别,体现出了音节(形式)和意义之间的紧密关联;动词并不严格区分及物与不及物,动词的体范畴特征复杂以至于对"了""过""着"的选择存在较多制约;名词经常直接做定语,光杆名词因不同语境可以有多种指称功能;等等。教学实践表明,以上这些特征都是二语学习者的难点,也因此产生了"今天有两百把人参加了考试""你比她漂漂亮亮""他总是说话不算数,我讨厌了他""周末,我常常去看一部电影"等各种偏误。

本专辑正是基于此而编写的。其中，名词、数词、量词和形容词这四类词采取的是整体概览的做法，动词因为内部的复杂性而暂时只选择对心理动词加以细观，因此最终形成了《名词》《数词》《量词》《形容词》《心理动词》这五本专书。本专辑各书均以问题为导向，分别从理论知识、习得偏误和教学方法三个方面进行介绍，力求体现作为教学参考用书的三个基本原则：普及性、实用性、针对性。一是普及性。专书主要是为从事国际中文教育的一线教师编写的，不追求理论深度，而是着重为其普及各词类的相关语法知识，且这些知识在学界已达成基本共识。二是实用性。首先是常用，即涉及的知识点为各词类的基本语法项目，并且注重学生容易出现偏误的情况；其次是典型，即一些非典型的且尚未被认定为汉语语法基本规则的项目暂不考虑。三是针对性。针对不同水平、不同等级的二语学习者的习得情况，专书在内容上也尽量按照初、中、高三个等级顺序进行安排。

当然，本专辑各书也有自具特色之处。《名词》尝试将百科知识纳入到语言知识中来，运用百科知识解释与名词相关的语言现象；《数词》巧妙地将语言与文化相结合，尽显汉语数词丰富的文化蕴意；《量词》着眼于认知观念，力图揭示量词对名词的选择以及量词和名词之间搭配的认知理据；《形容词》注重"形式聚焦"教学，强调在交际活动中引起学习者对语言形式特征的注意；《心理动词》讲究词汇与语法并重，推崇"语法知识词汇化"的教学理念。这些特色体现了各专书作者针对不同词类特征所做出的努力探索。

既然是尝试，是探索，就不可避免地还存在这样或那样的问题，还留有这样或那样的不足，殷切盼望学界同人批评指正。同时，也真诚希望本专辑的出版，能够为一线尤其是本土中文教师教授汉语实词提供切实有益的帮助，能够让实词教学逐渐"火"起来。

李劲荣

2022 年 5 月

目　录

引　言 / 1

第一部分　量词的分类与特点 / 14

 1. 什么是"量词"？ / 14

 2. 量词可以分为哪些小类？ / 16

 3. 什么是"名量词"？ / 18

 4. 什么是"动量词"？ / 21

 5. 什么是"时量词"？ / 23

 6. 什么是"复合量词"？ / 25

 7. 什么是"借用量词"？ / 27

 8. 什么是"个体量词"？ / 30

 9. 什么是"集合量词"？ / 33

 10. 什么是"不定量词"？ / 35

 11. 什么是"度量衡量词"？ / 37

 12. 量词有什么语法特征？ / 40

 13. 量词有什么语义特征？ / 42

 14. 量词都可以重叠吗？ / 45

15. 量词可以省略吗？ / 48

16. 所有语言都有量词吗？ / 50

第二部分 名量词 / 53

17. "几口人"与"几个人"有什么不同？ / 53

18. "一位教师"与"一名教师"一样吗？ / 55

19. "一台手机"还是"一部手机"？ / 57

20. 为什么要说"一只猫、一头牛、一匹马"？ / 60

21. "一片面包"和"一块面包"有什么不同？ / 63

22. "支"和"枝"的用法一样吗？ / 66

23. "一幢楼"和"一栋楼"一样吗？ / 68

24. 量词"件"的计量对象是什么？ / 70

25. "一盘菜"与"一道菜"一样吗？ / 72

26. "一门课"与"一节课"一样吗？ / 75

27. "一幅画"还是"一副画"？ / 78

28. "一本书"与"一册书"有什么不同？ / 80

29. "砍一截木头"还是"砍一节木头"？ / 83

30. "一家银行"还是"一所银行"？ / 85

31. "把书翻到第5页"还是"把书翻到第5张"？ / 88

32. "一块石头"与"一块钱"中的"块"有联系吗？ / 91

33. "一丝、一线、一缕"有何差别？ / 93

34. 为什么"椅子"和"伞"的量词都可以用"把"？ / 96

35. "一滴水、一粒米、一颗牙"中的量词可以互换吗？ / 99

36. "一条路、一条毛巾、一条烟"为什么都可以用"条"来计量？ / 102

37. "根"与"条"有什么区别？ / 104

38. 交通工具量词"辆、架、列、艘、路、次"的适用范围是什么？ / 107

39. "这种人"与"这类人"一样吗？ / 109

40. "一双筷子、一对情侣"中的量词可以互换吗？ / 112

41. "一群人"与"一伙人"一样吗？ / 115

42. "组"与"套"用法一样吗？ / 118

43. "一行（háng）、一排、一列"一样吗？ / 120

44. "点（儿）"与"些"的用法有何不同？ / 123

第三部分　动量词与时量词 / 126

45. "看一遍"与"看一次"有何不同？ / 126

46. "去一趟"与"去一回"一样吗？ / 130

47. "翻一番"还是"翻一翻"？ / 133

48. 动量词"通（tòng）"与"顿"的适用范围是什么？ / 135

49. "下一场雨"和"下一阵雨"有何不同？ / 139

50. 为什么可以说"一个月"，不能说"一个年、一个天"？ / 143

51. "8：05"为什么不能说"八点五分钟"？ / 145

第四部分　复合量词与借用量词 / 148

52. "人次"与"架次"是量词吗？ / 148

53. "台套"与"台件"是量词吗？ / 150

54. "一肚子委屈"与"一鼻子灰"中的"肚子"和"鼻子"是量词吗？ / 152

55. "看一眼"与"踢一脚"中的"眼"和"脚"是量词吗？ / 154

56. "砍一刀"与"走两步"中的"刀"和"步"是量词吗？ / 156

第五部分　量词教学设计　/ 159

57. 怎么教"名量词"？ / 159

58. 怎么教"动量词"？ / 169

59. 怎么教"时量词"？ / 178

60. 怎么教万能量词"个"？ / 187

参考文献　/ 210

后　记　/ 214

引 言

一、为什么选择量词？

（一）拥有丰富发达的专用量词是汉语的重要特点之一

量词是用来表示计算单位的词。从数范畴的体现方式来看，世界上的语言可分为"量词语言"与"复数标记语言"两类。Greenberg（1963）通过对大量语言进行调查研究，发现量词标记与单复数标记不具兼容性，即一种语言不能同时兼有复数标记和量词系统。换言之，不同的语言在表达数量时采用了不同的方式，如英语是数词后直接加上名词，表达复数时需在名词后加上复数标记，例如：

（1）a book/three books

（2）a dog/three dogs

而汉语、泰语、朝鲜语等语言都需要在数词和名词之间加上适当的量词，例如：

（3）一本书 / 三本书

（4）一条狗 / 三条狗

（5）แมวตัวหนึ่ง（一只猫）/แมวสามตัว（三只猫）

（6）펜 한 자루（一支笔）/ 펜 세 자루（三支笔）

从语言类型学的角度看，汉语显然属于有量词系统的语言，特别是现代汉语，相比其他语系语言，其量词系统比较发达。据统计，现代汉语中的量词（含临时量词与活用量词）有 600 余个（参见李行健，2010；郭先珍，2002），在整个词汇系统中有着举足轻重的地位，这也是汉语区别于非汉藏语系语言的一个显著特点。

（二）量词的选择不是任意的，而是有理据的

我们在为相应的名词选择量词时，不是任意匹配的，而是有规律可循的。就汉语量词的选择而言，转喻与隐喻是其语义生成的主要途径。名量词在量词系统中占主体地位，大多数名量词是由动词或名词通过转喻机制转化而来的，部分具有形状属性的名量词由形状义名词借助隐喻转化而来。动量词数量较少，主要是由动作义动词通过隐喻途径衍化生成；还有部分与动作行为过程有关的名词，借助转喻机制衍生出量词语义。下面我们举例来说明"转喻"与"隐喻"机制：

转喻是指当甲事物同乙事物不相似，但有密切关系时，可以利用这种关系，以乙事物的名称来代替甲事物。转喻是用一个概念来指代另一个相关的概念，所以源概念很重要。转喻的重点不在"相似性"，而在"相关性"。（参见 Lakoff & Johnson，1980）例如，现代汉语中很多人体器官词语被借用为临时动量词，常见的有"脚、口、拳"等，这些词语通过"转喻"的方式成为临时动量词，具体来说，就是用"脚、拳、口"这些实施动作的工具来转指动作行为的过程，从而有了计量的功能。

隐喻是一种认知机制，在这一机制中，一个认知域被部分地映现（mapped）于另一认知域上，后者由前者而得到部分地理解。前者叫来源域（source domain），后者叫目标域（target domain）。（Lakoff &Johnson，1980）换言之，隐喻是根据事物之间的相似性，用一种事物来理解另一种事物。如"颗"的本义是"小头"，是一个名词，引申为量词时，仍然具有其本义中［＋圆,＋小］的语义特征，可以用于计量诸如"豌豆、葡萄、珠子"等具有"小"而"圆"特征的物体。同时，在隐喻机制的作用下，某些具有"小"或者"圆"特点的物体也可以用该量词计量，前者如"瓜子、石子"等，这些名词具有［-圆,＋小］的语义特征，人的某些器官也具有类似的特征，如"心、牙齿"等；后者如"星星、炮弹"等，它们则具有［＋圆,-小］的语义特征。

(三) 量词功能具有多样性

学界普遍认为，范畴化和个体化是量词的两大主要功能。范畴化功能主要关注"名一量"之间的选择关系，把量词看作名词的语义分类手段。量词语言之间范畴化功能的具体差别有助于第二语言教学和语言的信息处理。而个体化功能则把量词看作从集合中分离出个体或激活个体的手段。跨语言的比较表明，量词的个体化功能与"有定/无定"和"有界/无界"等概念密切相关。(崔健，2010) 沈家煊 (1995) 曾指出，"盛碗里鱼""飞进来苍蝇"等之所以不成立或不自由，是由于其中的有界动词与后面的无界名词不匹配。在名词前加上数量词，如"盛碗里一条鱼""飞进来一只苍蝇"便可成立，此时的量词起的就是"有界化"作用。

也有观点认为，汉语中同音词的增加触发了量词的需要。量词标记的作用是给予中心名词双重标记，通过中心名词分类增加它的信息量，从而与其他同音词区分开来。(Erbaugh, 1986) 同时，量词标记也强调了中心名词的重要性，告诉听话者数词和名词都是新信息，要引起注意。量词和名词的固定搭配，使二者得以相互校验。简言之，量词具有校验/信息标记功能。显然，这种解释是从语篇信息角度出发的。

此外，还有学者认为量词具有标示个体单位功能 (郭锐, 2002)，指标化、关系化功能 (西光義弘、水口志乃扶, 2004)，定语标记功能 (陈玉洁, 2010) 等，不一一赘述。

(四) 量词教学，特别是近义量词的辨析，是对外汉语教学的难点

汉语中存在大量近义量词。从表面上看，它们形式相似、语义相近、搭配对象有交叉，一直是留学生学习和研究的难点。但是从理论上说，语言的经济性与择一性要求语言中不存在两个语义、功能完全相同的词语。因此有充分的理由表明，任何一个量词都应该具有区别于其他量词的独特功能。

近义量词的区分可以从不同方面进行，有些可以从语义上直接分化。如"条、道、根"三者都可用来计量细而长的物体，但仔细分析，三者在语义上还

是可以找出差异的。具体如下：

条［＋延伸性；＋线性］

根［＋延伸性；＋立体性；＋硬度］

道［＋延伸性；＋面性］

有些近义量词则可以从感情色彩上来区分，如"批、伙"等。从感情色彩来看，"批"常用于褒称，"伙"常用于贬称。这在其后的名词为指人名词时表现尤为明显。当指人名词为褒称时，常用"批"而少用"伙"，如"一批勇士、一批英雄"等；反之，当指人名词为贬称时，常用"伙"而少用"批"，如"一伙歹徒、一伙强盗"等。

有些近义量词的差异需要从文化因素中寻找答案。如"一道门、一扇门"中的"道"和"扇"，要理解两者的差异，就需从文化入手了。"道"是从"道路"引申而来，道路形成后就把原来的土地分成了两部分，人如果想从路的一边到另一边就需要跨过这条路，于是人们就把"道"与"墙、篱笆、门"等需要跨越的东西联系起来。这里的"道"有"阻拦"的文化含义，这层含义是近义量词"扇"所不具备的。

二、量词研究现状

总的来说，学界对量词的研究可分为本体与教学两部分。

（一）本体研究

本体研究主要从以下几个方面进行：

1. 量词搭配机制研究

现代汉语在表达名词和动词的量的概念时，需要借助量词手段，否则就不合句法规范。学界就量词和名词、动词搭配的规律与机制问题进行了诸多广泛而深入的研究，并提出了各种各样的解释。代表性的研究视角主要有以下几类：（1）量词与相关词类的双向选择。邵敬敏（1993）首次采用动态研究的视角，从量词与名词、动词的双向选择的角度出发，对量词与名词、动词之间的搭配关系进行了研究，其研究成果引起了广泛关注。随后，周芍（2006）以名词与名量词的组合关系为对象，尝试探究名、量词组合的影响因素，并初步建立名词与量词相互选择的动态系统。应该说，该论文从双向选择角度对量词进行研究，打破了以往单向研究的局限，符合汉语量词自身的特点。（2）量词的句法、语义特征。姚双云、樊中元（2002）研究发现，半数以上的量词具有空间意义，该论文讨论了空间义量词的语法、语义特征，探讨了空间义量词与名词的选择问题。过国娇（2016）对名词借用为动量词的句法语义特征进行了考察分析，通过定量考察借用动量词的三个分布格式、比较专用动量词与借用动量词的句法语义差异，揭示了借用动量词的句法语义特征。最后得出结论，借用动量词和专用动量词的句法分布、语义功能呈现出了一定的互补态势。（3）量词的超常规搭配。倪宝元（1984）从语体等方面来探讨作家们如何选择量词，特别是如何选择量词的超常规用法。罗日新（1986）主要考察了量词的语义特征，以及量词与其修饰对象之间的语义关系。郭世华（2020）对现代汉语中名量词超常规搭配的表现形式、工作机制、审美效果进行了梳理、分析与阐释，认为现代汉语名量词的超常规搭配一定层面上反映了人们认识世界的基本方式，认知语言学的相关理论为超常规表达提供了深层的合理性。

2. 量词的认知研究

随着认知语言学的引进和普及，学者们开始尝试运用相关理论和方法对汉语量词系统进行研究，并取得了丰硕的成果。有些研究将整个量词系统作为研究对象。如，惠红军（2011）把本体性研究与应用性研究相结合，从认知和功能的角度将选取的 100 多个量词分为实体型、结构型和形状型三类，系统考察它们的各种系统性差异及其动因，考察量词、名词、动词等所形成的概念网络层次，探讨量词与名词、动词的深层搭配规律。有些学者则尝试针对量词的某一次类进行研究。如，周芍（2006）重新建立了一个量词分类系统，揭示了名词与量词的双向选择规律。张媛（2012）以语料库为基础，总结出动量词在自然语言中的用法及使用频率，并基于对语料库中动量词用法的描写，逆推出动量词出现的过程，并从认知视角进行阐释。刘永静（2016）基于认知语法的语义结构和认知语义学的相关理论，通过对语料的调查，讨论动词向动量词演变的语义基础和语法环境，并在此基础上进行合理的认知解释。也有学者选择对一组量词进行研究。如，猴瑞隆(2006)运用原型范畴、隐喻、转喻等理论对现代汉语中比较常用的量词,如"张、面、片、本"等进行了考察与探究,阐释量词与名词搭配的认知理据和不同搭配之间的语义差异。宗守云(2010)在认知语言学理论的指导下,以语义和认知为抓手,探索并初步建立了几种集合量词研究的模式。还有一些学者对量词的个案进行了研究。如,李计伟(2010)对个体量词"根"进行了考察,并分析了"根"的语义特征与生成机制。麻爱民(2011)从历时视角对量词"口"及其搭配机制进行了阐释。谭佳慧(2020)从认知视角对量词"种"及其对外汉语教学进行了细致的研究,等等,不一一列举。

应该说,运用认知语言学理论对量词进行研究是新的探索和尝试。至此,量词研究不再只是对句法分类、语义特征等进行较为全面的描写,而是从认知的哲学基础、范畴化理论、隐喻、转喻机制与词类转化等方面,在量词的形成与搭配规律上做出新的尝试,探索量词与相关词类搭配的内在动因并加以解释。同时,随着研究的深入,对量词的认知研究也逐渐由个案考察扩展到整个量词系统。这些研究不仅丰富了汉语量词的研究模式,而且对于全面认识量词系统也起到了不可或缺的作用。

3. 量词的类型学研究

近年来,随着"语言共性"探索成为主流,语言学家们把挖掘出人类语言的根本原则和本质作为终极目标。在这样的大背景下,一些学者也开始从跨语言角度对量词进行研究。如,李知恩(2011)在类型学的背景下,研究了与量词有关的一系列现象,并集中研究了量词的基本功能及扩张功能。步连增(2011)从类型学视角对量词的分别范围、量词的起源、量词来源的主要渠道等方面进行了考察。武氏惠(2014)对汉、越语名量词从语义、句法结构及语用等方面进行了分析、比较研究。娜塔红(2019)以汉语个体量词和泰语个体量词为研究对象,从和名词的搭配、个体量词的重叠及个体量词所在的句法格式等方面进行实例比较。陈孟伟(2020)对《现代汉语量词规范词典》中的所有量词进行了筛选,并用表格将剩下的汉语量词和所对应的韩语量词进行了罗列,在文中逐一进行对比介绍,并通过分布列举汉语例句和韩语例句的方式,对照它们使用的语境,清晰明了地呈现了二者在意义使用上的相同和不同之处。

纵观量词的类型学研究成果，可以总结出以下几个特点：第一，涉及的语言种类比较全面，涵盖英、德、韩、俄、越、日、泰等常见语种；第二，研究内容较为丰富，涉及个体量词对比、集体量词比较、量词借用、量词搭配对象异同比较、量词教学等问题；第三，比较方法丰富多样，既有归纳比较、单向对比，又有统计分析、多维比较等。不难发现，对两种语言量词进行对比研究的成果丰富且详尽，但从语言类型学视角进行跨语言的多语种比较还非常少见，有着广阔的探索空间。

（二）教学研究

教学研究主要包括偏误分析、国别教学研究与教材编写研究等。

1. 偏误分析

汉语量词以其数量多且用法复杂，成为汉语作为第二语言学习者的难点与痛点。因此，对留学生量词学习偏误的分析就显得尤为必要。黄典（2016）、张凯伦（2019）、赵尧尧（2020）、靳杰杰（2021）使用中介语语料库分别对留学生学习处所量词"间、家、所、座"、动量词"次"和"遍"、形状量词、动物量词"只、头、条、匹"时产生的偏误进行了考察，并提出了相应的教学策略。此外，张丽媛（2020）通过对 HSK 动态作文语料库中高频集体量词"点、些、班、层、段、对、副、片"的语料分析，对留学生使用不同集体量词产生的偏误语料进行分析归类，随之探讨偏误产生的原因，进而针对留学生在学习这八个高频集体量词的过程中遇到的问题提出可行性的教学建议。

2. 国别教学研究

一个必须承认的事实是，不同国家的学生在学习汉语量词时所遇到的困难是不同的。量词语言国家学生与非量词语言国家学生在量词的掌握上存在明显的差异，汉字文化圈国家学生与非汉字文化圈学生在量词使用的熟练程度上也有较大差距。

汉字文化圈的量词国别教学研究成果比较丰富。陈孟伟（2020）通过对比《汉语量词词典》和《韩语大词典》中的汉语量词和韩语量词，探讨了汉语量词和韩语量词在意义和使用语境上的不同。操姗姗（2020）发现，日语中的身体器官名词多是从汉语词汇中借用过去的，但由于中日文化背景不同，这些身体器官名词的词义在日语的长期使用过程中发生改变，形成了自己的语言特点。论文通过历时研究和共时研究相结合的方法，对汉日书写同形的五个身体器官量词进行逐一考察、归纳、分析、概括它们的异同，从中体会两国的思考方式和文化特征，力求帮助汉语或日语学习者在语言学习中更好地理解词义、避免误用，为二语教学与习得提供参考。陈秋香（2021）对越南学生关于名量词"只、头、条"的使用进行了问卷调查并总结了偏误类型，具体分析了越南学生学习名量词"只、头、条"的过程中产生的各种偏误及原因。

非汉字文化圈的量词国别教学研究成果也比较常见。郝莹（2017）对初级阶段俄罗斯学生量词习得中产生偏误的类型及原因进行了分析，并在此基础上分别从"合理编排教材中的量词""运用多种教学法""加强两种语言的对比研究""提高教师自身素质"等几个方面提出了具有针对性的教学策略。曹美爱（2017）在对缅甸学生量词习得偏误进行分析的基础上，将量词划分为不同的难度等级，并提出了行之有效的教学建议。尤丽娅（2018）专门探讨了面向塔吉克留学生的量词教学问题。唐旭（2020）通过对比汉蒙两种语言、进行教学观察和试卷测试调查，发现蒙古国大学生习得汉语名量词时产生偏误的原因主要有蒙语规则负迁移、学生学习名量词的态度和策略不当、使用名量词的语境薄弱、教材和词典编排不当等。郑玉兰（2021）运用问卷调查法和偏误分析方法，获取和分析印尼汉语学习者习得"场、遍、番、顿、下、趟、回、阵、通、次"等专用动量词时常见的偏误，以帮助印尼学生准确习得专用动量词。

不难发现，只有了解了不同国别、不同地区、不同类型的学生经常在哪些量词上出错、出错的原因是什么，才能使量词教学变得更有针对性，也更有依据，对外汉语教师才有可能真正做到因材施教、因"国"施教，快速准确地采取措施帮助学生掌握并运用所学量词。这也是未来的研究趋势之一。

3. 教材编写研究

对外汉语教材是教师教授量词所依据的主要材料，也是学习者获取量词知识的重要来源，在第二语言教学活动中占有重要的地位和作用。因此，在对外汉语教学中，对教材中的量词编排情况进行探讨就显得尤为必要。近年来，该方面的研究也逐渐受到重视。孙小婷（2020）通过调查，发现在课程大纲和考试大纲中，学生对量词的学习以词汇学习为主；HSK考试样卷中，量词的考查主要以听力为主，随着等级的提升，考查难度不断增加，但考查形式较为单一。曹杨（2020）以《成功之路》系列综合课教材为例，对初级、中级、高级三个阶段教材中的量词选取情况及量词在各栏目的设置情况进行了统计和分析，并根据分析结果为对外汉语教材的量词编排及量词教学提出了一些建议。高鸽（2021）以《发展汉语》《汉语教程》两部教材为例对对外汉语教材中的名量词编排进行了分析，并指出这两套教材中语法点的排序是以《汉语水平等级标准与语法等级大纲》为基本依据的，但语法点的数量和复现还有待进一步提升和完善。李琪文（2021）从量词收词范围和等级、量词释义和语法点、量词练习题量和题型三大方面对比分析了《发展汉语》和《博雅汉语》初、中级综合教材的量词编排情况，发现两套教材存在选取量词总数较少、对大纲量词覆盖率低、量词等级分布不均匀、复现率低等问题，此外还存在量词释义项目不全面、大纲量词语法项目覆盖率低、遗漏部分重要语法项目、量词语法项目排列顺序有待调整等问题。

总的来说，关于量词的教材编写方案和教学活动的具体开展等方面的研究成果还比较少，涉及的教材还不够丰富，对国别教材的研究也十分不足，但是这样的研究成果对于教材编写者和对外汉语教师来说是迫切需要的。

综观前人研究成果，不难发现，对量词的本体研究详尽而丰富，本体研究是教学的基础，能够为量词的教学提供依据与指导。但是当前，学界对量词教学的研究还不够充分，主要集中于个案或某一类别量词的研究，提出的教学建议也比较笼统，大都是泛泛而谈，缺少可操作性。

三、编写原则

鉴于汉语量词地位的特殊性与对外汉语教学的复杂性，我们在编写时尽量遵循以下原则：

（一）理论性与实践性相结合

以往对量词的研究可以分为两派：理论派与教学派。前者重理论轻实践，又称"学术派";后者重实践而轻理论。本书试图为两者找到一个合适的结合点。首先,本书的第一部分是理论篇,详细介绍了汉语量词的下位类别、语法功能及在不同语言中的表现等,让读者对量词系统有个全面的了解。同时,本书的第二至第五部分为实践篇,该部分针对留学生在学习过程中易混、易错的量词进行详细辨析,尽量少用或不用晦涩的语法术语,以解决实际问题为宗旨,让读者可以即查即用,是一种"直给式"的教学参考。

(二)科学性与趣味性相结合

本书的编写十分注重科学性。所谓科学性是指本书的编写遵循语言教学与语言学习的规律。本书五个部分内部条目的安排循序渐进,由易到难、由浅入深、由简单到复杂,同类型、易混淆的量词放在一起进行辨析,解释准确、到位,并能够考虑到使用对象的特点。

同时,我们也始终坚持,教学不应该是严肃、教条的知识输出,而应是灵活、有趣的知识传授。因此,趣味性也显得尤为重要。我们在编写时会考虑到使用对象的接受情况,如:形式与内容对学习者是否有吸引力,举例是否贴近生活且容易引起共鸣,教学设计是否新颖独特,解释是否简单易懂并具有可操作性等。当然,我们理想的目标是,学习者使用本书时既感受到了语言学的严谨,又不会觉得量词学习枯燥,能够积极主动地去学习。

(三)针对性与普及性相结合

目前在国外从事对外汉语教育的师资队伍成分比较复杂,既有受过语言学系统训练的专业人士,也不乏具有某一特长的其他中小学专业教师,如音乐老师、美术老师、武术老师等,还有相当数量的海外本土汉语教师。因此,我们在编写时也会兼顾不同的对象,以飨读者。对于语言学专业人士,本书为其准备了系统的量词专业理论知识,以供查阅。对于后两类人群,我们特意选择了对外汉语教材中高频出现的量词进行讲解、辨析,并提出具有针对性的教学策略,使他们能对量词有个大概的整体认识,从而获得"一站式"的服务体验。

四、内容框架

本书内容分为五大部分。具体如下：

（一）量词的分类与特点

本部分主要对名量词、动量词、时量词、个体量词、集合量词、复合量词、不定量词、度量衡量词、借用量词等量词的下位概念进行解释说明，并探析各部分之间的联系与区别。此外，在句法层面，量词作为实词的一类，其句法功能与其他实词区别较大，一般需与数词组合来充当句子的句法成分。因此，本部分也将对量词"可以充当何种句法成分""量词的句法功能"等问题进行探讨。最后，本部分还将在类型学的视野下探讨"哪些语言是量词型语言？""哪些语言是非量词型语言？"等相关问题。

（二）名量词

名量词根据数量又可分为个体量词与集合量词两个子类。本部分重点针对教学过程中留学生易错、易混的若干组个体与集合量词的使用场景进行详细探讨、辨析，如"个"与"口"、"跟"与"条"、"双"与"对"、"群"与"伙"等。希望能帮助对外汉语教师有效预测留学生量词易错频率，在教学中可以有的放矢，并提前进行针对性的讲解，尽量减少偏误产生。

（三）动量词与时量词

本部分主要对动量词与时量词的使用场景进行分析，具体又包括两个方面：一是对语义相近的动量词进行辨析，如"遍"与"次"、"趟"与"回"等；二是对时量词与时间名词进行辨析，如"为什么可以说'一个月'，不能说'一个年、一个天'？"等。

（四）复合量词与借用量词

复合量词与借用量词虽然都是量词中的"边缘"类别，但也是不可回避的部分。本部分主要探讨了复合量词"架次、台套"等的适用场景，同时也对"借用容器量词""借用身体器官量词"等进行了详细的说明。

（五）量词教学设计

本部分重点讨论"量词怎么教"的问题，为量词教学提出了"直给式"的建议。具体包括"名量词怎么教""动量词怎么教""时量词怎么教""万能量词'个'怎么教"等课题。每个课题会给出具体的教学案例，包括量词选取、课堂导入、讲解方法、练习设计等具体的教学步骤，为相关教学人员提供"拿来式"的教学案例，具有可复制性的特点。

五、结语与说明

现代汉语量词十分丰富，比较常用的就有600多个。同时，汉语量词用法复杂，容易混淆，是留学生习得汉语时出现偏误最多的词类之一，也是对外汉语教学的重点与难点。因此，对于汉语学习者来说，准确得体地使用量词是他们学习汉语的一大挑战。而这也是我们决定编写《量词》这本教学语法参考书的主要原因。在现有的量词研究成果中，本体研究与教学成果的转化相对缓慢，存在滞后现象。因此，很多教学中亟待解决的问题在现有研究成果中难以找到答案。在此背景下，我们搭建了量词的教学知识框架，从量词的分类与特点、名量词、动量词与时量词、复合量词与借用量词、量词教学设计等五个方面对量词进行了系统的梳理，希冀能为对外汉语教师、留学生及汉语爱好者提供一些力所能及的帮助。

需要说明的是，本书对量词的分类在大纲的基础上增加了"时量词"与"复合量词"两类。我们主要基于以下考虑：一是基于教学的方便。"时量词"在对外汉语教学中出现频率很高，又与其他量词用法区别较大，也易与时间名词混淆，需单独进行教学；"复合量词"作为量词的重要组成部分与教学难点之一，此前较少被关注，令人欣慰的是，在2021年由教育部、国家语言文字工作委员会发布的《国际中文教育中文水平等级标准》的"语法等级大纲"中，已经开始收录复合量词，因此需要引起我们的重视。二是两类量词与其他量词在用法上确实有着比较明显的区别。如"时量词"是专门用于时间的计量单位，与名量词、动量词有着明显的区别特征；"复合量词"则形式特殊，需按照一定的规则进行复合等。

此外，本文的语料来源主要为北京大学CCL语料库、百度搜索与自省语料，在此一并说明。

第一部分 量词的分类与特点

1. 什么是"量词"?

  量词的定义早在《马氏文通》中就有记载,马氏称之为"记数之别称"。黎锦熙先生(1924)首次对量词进行单独命名,称之为"陪伴词",将其看作位于数词之后表计数的名词。随后的现代汉语语法著作中对量词的定义大都在这一基础上进行扩展或细化,区别主要在于量词名称的选择和是否能独立成类等。代表性的如,吕叔湘先生(1942/1982)在《中国文法要略》中的定义为"单位词",属于数量范畴;王力先生(1943/1985)将其称为"单位名词",用作表人、物的单位,是名词的次类;朱德熙先生(1982)则把量词看作是汉语的独立词类,认为量词是用在数词之后的黏着词,随后的著作基本沿袭这一思路,如邵敬敏(2007)的《现代汉语通论》,黄伯荣、廖序东(2007)的《现代汉语》等均将其作为独立的词类。

  可见,虽然前贤们对量词本质的认识大同小异,但是在称谓或词类范围的认识上还是有所区别,这在一定程度上也反映了量词本身的复杂性。

  从类型学视角看,学者们对量词的定义也存在差异。跨语言调查显示,"量"范畴标记与"数"范畴标记一般不共现,即二者通常为"互补关系"。Greenberg(1963)根据"数的体现方式的不同"将语言分为两大类,即"集合量/个体量"与"单数/复数"。具体来说,前者指名词的复数为无标记(其本身就表达集合量),而表单数时则需要标记的语言,如汉语、泰语等;后者则是指名词有单复数之分的语言,如英语、西班牙语等。郭锐(2002)认为,量词的最重要的功能是受数词的修饰,并指出汉语的名词与古汉语、英语相比,其差异不在于可数不可数，而在于实体和计量单位的功能是否分离。郭文指出，古汉语中，表达数量无须用量词，这是因为古汉语的可数名词兼具表实体与表计量单位的双重功能。而名词表实体和表计量单位的功能在现代汉语中则基本分离。名词只表示实体，计量单位需要用专门的量词来表示。

我们支持量词的主要功能是表示"计量单位"这一说法。因此，综合各家观点，我们将"量词"定义为：用在数词与名词之间或者用在动词与数词之后，用来表示事物、时间或动作数量单位的词。具体类别如下：

一、名量词

名量词是用来表示事物数量的单位，又可分为个体量词、集合量词、度量衡量词与不定量词。例如：

（1）一支笔

（2）一个人

（3）一套衣服

（4）一群羊

（5）一斤肉

（6）一点儿面包

上例中，（1）～（2）是个体量词，（3）～（4）为集合量词，（5）～（6）则分别为度量衡量词与不定量词。

二、动量词

动量词是用来表示动作数量的单位。与名量词不同的是，动量词在计量动作数量时，通常位于动词之后。例如：

（7）打一下

（8）去两趟

（9）看三遍

（10）说一次

三、时量词

时量词是用来表示时间数量的单位。例如：

（11）一<u>天</u>

（12）一<u>年</u>

（13）一<u>分钟</u>

（14）一<u>秒</u>

常见的时量词还有"日、周、旬、季"等。

名量词、动量词与时量词共同构成了汉语量词系统的主体。除此之外，近几十年来，汉语中还出现了一些复合量词，常用的有"人次、架次、件次、件套、台套、台件"等，这些复合量词也是量词系统的有机组成部分。

当然，汉语中也存在不少借用量词，如物量词和动量词都经常借用名词作为临时量词，前者常见的如"一杯水、一碗面、一桶油"等，后者代表性的有"打一枪、看两眼、吃一口"等。

2. 量词可以分为哪些小类？

量词的下位分类是一个"老大难"问题，目前常见的划分方式有根据词汇意义进行划分、根据句法功能与形态变化进行划分、根据事物的外形进行划分、根据稳定性进行划分等。各家依据的标准不同，角度不同，结论自然也不一。此外，量词分类是依据单一标准还是多重标准、是单层次划分还是多层次划分等问题也值得仔细商榷。我们将代表性的分类列表，如下：

表 2-1　代表性学者对"量词"的分类

学者	分类	
张志公 （1956）	名量词	动量词

续表

学者	分类								
吕叔湘 （1942/ 1982）	个体量词	集合量词	部分量词	容器量词	临时量词	度量量词	自主量词	动量词	复合量词
赵元任 （1979）	个体量词（类同）	V-O中的个体量词	集合量词	部分量词	容器量词	临时量词	标准量词	准量词	动量词
朱德熙 （1982）	个体量词	集合量词	度量词	不定量词	临时量词	准量词	动量词		
胡裕树 （1981）	物量词					动量词			

黄伯荣、廖序东（2007）	名量词					动量词			
	专用名量词			借用名量词		专用动量词		借用动量词	
	个体量词	集体量词	度量衡量词	借自名词	借自动词	动作数	动作时量	借自名词	借自动词

从上表来看，各家的分类虽不尽相同，但在主体量词的划分上存在明显的共性，如都有个体量词、集体量词、动量词等基本类，分歧在于名量词内部的小类。此外，借用量词要不要单独划分、时量词要不要单独分类、有无复合量词等问题也无统一标准。

我们基本赞同黄伯荣、廖序东（2007）的分类，但不同的是，我们主张将时量词与复合量词单列一类，与名量词、动量词并列，因为时量词与复合量词在语义、用法及搭配对象上和名量词、动量词有着明显的区别。具体分类如下：

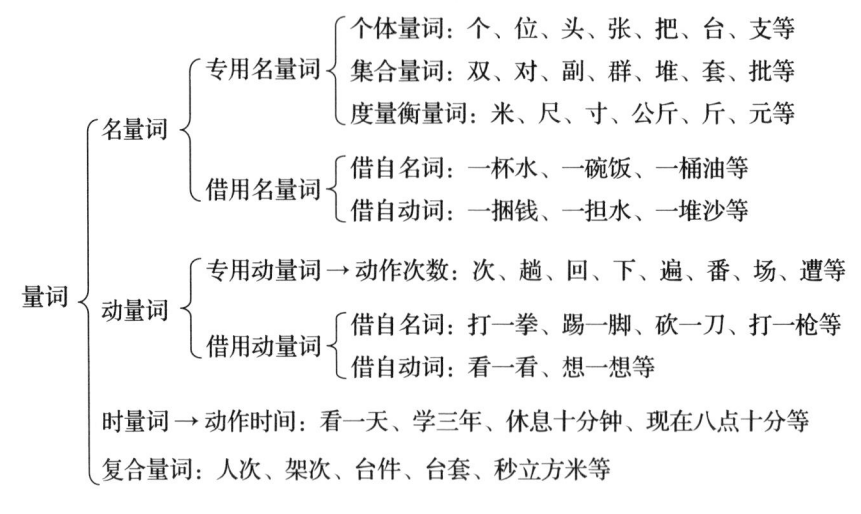

量词 ⎧ 名量词 ⎧ 专用名量词 ⎧ 个体量词：个、位、头、张、把、台、支等
　　　　　　　　　　　　 集合量词：双、对、副、群、堆、套、批等
　　　　　　　　　　　　 度量衡量词：米、尺、寸、公斤、斤、元等
　　　　　　 借用名量词 ⎧ 借自名词：一杯水、一碗饭、一桶油等
　　　　　　　　　　　　 借自动词：一捆钱、一担水、一堆沙等
　　　动量词 ⎧ 专用动量词→动作次数：次、趟、回、下、遍、番、场、遭等
　　　　　　 借用动量词 ⎧ 借自名词：打一拳、踢一脚、砍一刀、打一枪等
　　　　　　　　　　　　 借自动词：看一看、想一想等
　　　时量词→动作时间：看一天、学三年、休息十分钟、现在八点十分等
　　　复合量词：人次、架次、台件、台套、秒立方米等

图 2-1　本书的量词分类

3. 什么是"名量词"？

名量词（又称"物量词"）是用来表示人和事物的计算单位。名量词主要包括个体量词、集体量词、度量衡量词等类别，也是量词中数量最多、产生最早、特点最丰富的一个类别。

一、名量词的分类

名词是现代汉语最重要的词类之一，因此，作为用来计量名词的名量词也显得尤为重要，在现代汉语量词中占有很大一部分比重。对于名量词的下位分类，前贤们也进行了长时间的争论与探讨，甚至至今还存有分歧。前贤们主要从以下几个角度对名量词进行了分类：

其一，根据量词后名词的类别进行分类。如王力（1943/1985）把名量词分为六个小类，即天然的单位、集体、度量衡及币制、盛物器、文章中的单位、和行为单位同意义的人物单位。何杰（2001）将名量词分为七类，即个体量词、集合量词、部分量词、专职量词、借用名量词（容载量词）、临时名量词、度量衡量词。郭先珍（2002）更为综合地将名量词分为三大次类：与人搭配的名量词，如"位、名"等；与动物搭配的名量词，如"头、条"等；常用于物件的名量词，如"封、块、片、面"等。不难看出，以上分类都是依据量词后名词较为概括的语义范畴来划分的。

其二，依据量词后名词的区别性语义特征进行分类。较具代表性的，吕叔湘先生（1942/1982）将名量词细分为取物件部分的名称、略似物件的形状、一般性单位词等类别；马庆株（1990）描述了量词与相关词的制约关系，并从这个动态角度出发，得到了不同的分类结果；邵敬敏（1993）立足于语义特征把名量词分为外形特征、非外形特征、附容处所类三类。这样的分类显然仍是以名词的语义为标准，但从语义区别特征的角度进行了更为细致的考量。

还有一部分分类结合或依据名量词的稳定性展开，如丁声树、吕叔湘、李荣（1961）将量词分为四类，即个体、集体、度量与临时量词；刘月华、潘文娱、故桦（2001）把名量词分为专用量词和借用量词两大类；黄伯荣、廖序东（2007）也持有类似的分类观，将名量词分为专用名量词与借用名量词等。

我们认为，名量词的下位分类应根据其区别性特征进行划分，不易过细但也不能过粗，太细则烦琐，太粗则无用。因此，我们支持综合参考稳定性依据和语义特征，分层级进行分类。在第一层级上，依据稳定性，先将名量词分为专用名量词与借用名量两大类；继而在第二层级上依据名词的语义特征再将专用名量词划分为个体量词、集合量词与度量衡量词三个次类。具体如下：

（一）专用名量词

专用名量词又可下分为三个小类：个体量词、集合量词与度量衡量词。名词对个体量词的选择通常是特定的，不能随便使用，如"一张桌子、一把椅子、一颗珍珠、一滴水"等。集合量词有定量与不定量之分，前者如"一双筷子、一副对联、一对恋人"等，这里的"双、副、对"都表示固定的数量；后者如"一群游客、一批货物、一伙歹徒"等，此处的"群、批、伙"则不包含固定的数量。度量衡量词包括"货币、长度、重量、容量"等若干小类，如一块（货币单位）

钱，一米（长度单位）布，一斤（重量单位）香蕉，一升（容量单位）汽油，五平方米（面积单位）等。

（二）借用名量词

汉语中有相当一部分名量词是从其他词类借用而来的，最常见的就是借自名词，这类名词往往都具有容器的功能。例如：

（1）一桶水、一杯牛奶、一锅粥、一袋洗衣粉

上例中的"桶、杯、锅、袋"本身都是具有容器功能的名词，此处被借用为量词。

也有的名量词从动词借用而来。例如：

（2）一串佛珠、一抽纸、一捆草、一束玫瑰

上例中的"串、抽、捆、束"原本皆表示某种行为、动作，这里也借用做名量词。

二、汉语名量词的基本特点

汉语名量词有如下三个主要特点：

第一，数量相对封闭。汉语名量词是一个相对封闭的词类，总量比较稳定，大都是单纯词，不能像其他词类按规则造词。但同时量词有一定的开放性，部分名词、动词可以根据需要临时借用为名量词，如"一杯水、一肚子坏主意"等。

第二，单音节占优势。在语音上，单音节名量词占绝大多数，复音节名量词极少。蒋颖（2006）曾对《现代汉语量词词典》中收录的名量词进行了穷尽式统计，结果显示，该词典共收录名量词580多个，占量词总数的九成左右，其中单音节量词超过500个，双音节与多音节量词占比较小，且其中包含部分外来音译词。可见，单音节量词在名量词中占压倒性优势。

第三，语法上不自主。名量词一般不能独立充当句子成分，需与数词或指示代词等构成数量短语或指量词组才能充当句子成分。正如朱德熙先生（1982）所言："量词是放在数词后头的黏着词。"名量词作为量词的一员，这也是其在语法上的重要特点。

4. 什么是"动量词"?

一、动量词的定义

关于动量词的定义,各家说法不一,各有侧重。代表性的如,赵元任(1979)将其定义为"表示动作次数的词。它可以是专用的字眼,或者身体的部分(做这个动作的),或者工具"。胡裕树(1981)对动量词定义是:"经常用在动词后边,要求与动词配合的词。"朱德熙(1982)认为:"动量词常常放在动词之后充任准宾语,表示动作的次数。"李宇明(2000)则把表示"行为动作等反复的次数"的词都看作动量词。刘月华、潘文娱、故铧(2001)指出:"表示动作或变化次数的单位的量词叫动量词。动量词也分专用动量词与借用动量词两类。专用动量词数目不多,主要有:次、下、回、遍、顿、阵、趟、场、番等。"黄伯荣、廖序东(2007)认为,动量词指的是表示动作次数和发生的时间总量,换言之,两位先生将时量词也纳入了动量词范畴。

因此,综合以上各家对动量词的界定可以发现,各家定义虽有差异,但在核心内容上却相差无几,即动量词是指表示动作的次数、与动词配合使用来计数的词。作为量词的一种,动量词与名量词一样,通常不能单独使用,不同的是,名量词是用在名词前,而动量词必须置于动词后与数词搭配构成数量短语,才能对动作行为进行计量。

二、动量词的分类

对于动量词的下位分类,学者们也存在一定程度的争议,如朱德熙(1982)将动量词分为专用动量词、借用动量词(借用名词)、重复动量词(重复动词)三类;吕叔湘(1982)根据动量词的来源把动量词分为专用动量词、工具动量词和同形动量词;王力(1985)则从语义与性质出发,把动量词细分为六类,前三类包括"纯然表次数的动量词、兼表历时之久的动量词、兼表历时短或突然的动量词", 后三类则为"专用动量词、借用动量词、离合动量词"; 邵敬敏（1996）把动量词分成四个层面: 通用动量词、自主动量词、借助动量词和情态动量词, 其中情态动量词又分成持续量词、整体量词、空间量词, 从而为论述动量词与动词的选择关系服务; 黄伯荣、廖序东（2007）则沿袭了朱德熙（1982）的分类体系并对其进行优化, 把动量词分为专用动量词和借用动量词两大类, 其中前者又可分为"表动作数的动量词"与"表动作时量的动量词"两个次类, 后者也分成"借自名词"和"借自动词"两小类。

我们基本赞同黄、廖二位先生的分类, 即将动量词分为专用动量词和借用动量词两类, 但是我们不认同"表动作时量的"也是动量词的说法。一方面是因为时量词与动量词有所区别, 前者只是用来计量时间的单位; 二是每个时量词都有不同的含义, 而动量词则基本都用于表示动词的频次。动量词具体分类如下:

（一）专用动量词

专用动量词数量不多, 主要有"次、番、顿、场、通、遍、趟、下、回、阵"等几个。它们不仅可以用来表示动作行为的量, 同时自身也包含着某种词汇意义。其使用既与动词有关, 也与名词相关, 例如"下一场雨"中的"场"就与动词"下"和名词"雨"都存在关联。

（二）借用动量词

借用动量词来源比较复杂, 常见的主要有以下几类:

一是借自人体器官。例如:

（1）踢一脚
（2）打一巴掌
（3）瞪一眼
（4）咬两口
（5）打三拳

这里的"脚、巴掌、眼"等表示人体器官的名词通常可以借用为动量词。

二是借自动作行为所凭借的工具。例如:

（6）画一笔
（7）打一针
（8）射一箭
（9）开两枪
（10）砍三刀

除了上述两类主要来源外，还有一些表示伴随结果的名词也常常被借用做动量词，代表性的有"走两步、送一程、跑几圈"等。

5. 什么是"时量词"？

陆俭明（2001）曾指出，在汉语中，有一类特殊的时间词，它们与数词结合时不需要量词，如"分、分钟、秒、天、周、年"等，我们可将其称为"时量词"。时量词在口语与书面语中使用频率都非常高，留学生接触得也比较早，但目前学界对时量词的解释缺少一个统一的、明确的标准，因此，在教学过程中，会出现教师比较困惑，学生经常容易发生偏误的尴尬处境。如留学生常常会说出"我学习汉语一个年、我来中国三个天了"诸如此类的句子，这说明留学生对时量词的用法不够明晰，误将"年、天"这类时量词当成名词来用，所以出现了上述偏误现象。可见，时量词确实是对外汉语教学的一个难点。

一、时量词的定义

一般认为，常纯民（1980）首次提出"时量词"的概念并为其正名。常文最早把"天、年"等表示时间计算单位的词单独划为一类，将其作为量词的一个次类来独立研究，并且将其命名为时量词。陆俭明（1987）将"日、天、年"等看作量词，将"月"看作名词。随后，陆俭明（2001）在《现代汉语时量词说略》中又对时量词进行了详细的探讨，将其定义为表示时间的计量单位，同时提出了时量词的判断标准，即与数词结合后形成的数量结构能用于表时点或时段。陆文列举了汉语的41个时量词——年度、周年、世纪、季、季度、年代、年、载、学年、学期、月、星期、周、月份、旬、天、日、号、夜、宿、晚上、昼夜、晌、更、点、点钟、时、小时、刻、刻钟、分、分钟、秒、秒钟、辈子、下（儿）、下子、会儿、阵（儿）、阵子、段（儿）。并对其逐一进行论述，还对其中的 12 组近义时量词进行了辨析，同时也修正了前文的部分内容，把"月"视为时量词兼名词，纳入时量词范畴。

黄伯荣、廖序东（2007）则认为，表示动作延续时间长短（时段）的量词（即我们在此说的"时量词"），应属于动量词下位范畴，并非一个独立的类。邓思颖（2012）对"秒、分、时"的不对称分布进行了描写，并指出"秒、分钟、天、周、年"属于量词，而"钟头、星期、月"属于名词。

我们认为，时量词与名量词、动量词有着明显的区别特征，可单独划为一类。时量词是专门用于计量时间的单位，其本身只表示时间义，与数词、动词组合后，可表示动作持续时间的长短或动作完成后的状态延续。

二、时量词的分类

时量词又可细分为时点时量词、时段时量词、时点兼时段时量词三类。时点时量词是表示时间轴上某个特定的时间点，前面的数词一般为有标记序数词或者无标记序数词，可用于回答"什么时候"的问题。例如：

（1）A：现在几点了？

B：八<u>点</u>。

（2）A：今年是几周年？

B：十<u>周年</u>。

上例中的"点、周年"都是指某一个确定的时间点，所以是时点时量词。

时段时量词用来计量时间的长短，可用于回答多长时间的问题。例如：

（3）A：你比他大多少？

B：我比他大一<u>轮</u>。

（4）A：你等我多长时间了？

B：三<u>刻钟</u>。

上例的"轮、刻钟"只能指某一段时间，因此应看作时段时量词。

只表示时点或时段的量词非常少,绝大部分时量词二者兼有。例如:

(5)今年是2022年。(时点)

(6)我学了三年汉语。(时段)

(7)现在八点十分。(时点)

(8)一千米跑了三分二十一秒。(时段)

上例中的"年"与"分"就是时点兼时段时量词,如例(7)中的"分"指的是"八点十分"这个时间点,而例(8)中的"分"则与"分钟"意思相当,表示一段时间。

除了"年"与"分"外,兼表"时点"与"时段"的量词还有"季、周、天、夜、刻、分钟、秒、秒钟、岁、届"等。需要说明的是,"分钟、秒钟"虽是时点兼时段时量词,但在日常生活中,它们用作时段时量词的概率要远远大于用作时点时量词的概率,因此,在国际中文教学中,我们可将其灵活处理为时段时量词。

6. 什么是"复合量词"?

一、复合量词的定义

20世纪中期以来,汉语中开始出现一些由两个或两个以上量词组合而成的新型量词,如"架次、立方米/秒、千米/小时"等,学界一般称其为"复合量词"。不少学者都给予了这类量词高度的关注,对于其定义也众说纷纭。如刘月华、潘文娱、故韡(2001)将复合量词定义为由两个以上的量词构成的、表示一个复合性单位的量词。何杰(2001)将其定义为由单纯量词组合而成的、表示一个复合性单位的量词。

几种常见的《现代汉语》教材对复合量词的定义也不尽相同。例如,邢福义、汪国胜(2003)中的定义是"复合量词是表示复合单位的量词";张登岐(2005)中将复合量词定义为"由两个不同的量词复合而成的一种量词";而在黄伯荣、廖序东（2007）中，复合量词是指由两三个不同的量词复合而成的量词。

综合各家观点，我们倾向于把复合量词定义为由两个（含两个）以上的单个量词复合而成的量词。

二、复合量词的分类

关于复合量词的分类，代表性的有如下几种。马庆株（1990）将复合量词分为三类：一是相乘关系，如"人次、架次"等；二是相除关系，如"千米/小时、千克/立方米"等；三是乘方开方关系，如"平方公里、立方米"等。王希杰（1990）也将其分为三类，但称呼有所不同，称之为"复式量词"：第一类是选择式，如"台套、部集"等；第二类是交错式，如"人次、台次"等；第三类是平均式，如"吨/日、斤/亩"等。邢福义（1996）把"复合量词"分为两类：一类是加合型，如"架次、人次"等；另一类是选择型，如"部集、台件"等。张斌（2008）则将其分为"相乘关系"与"选择关系"两类，前者如"人次、架次"等，后者如"件套、台件"等。

上述学者在复合量词的分类上主要存在两个特点：一是名称不同所指相同，如马庆株先生、张斌先生划分的"相乘关系"与王希杰先生划分的"交错式"虽叫法不同，但实质是一样的；二是类别数量不同，相较于张斌、邢福义的二分，马庆株、王希杰的三分法更为全面。

我们根据上述学者的划分，并结合目前复合量词的现状，将其分为三类：

（一）相乘关系复合量词

例如：

（1）上海近 4 天筛查 3500 多万人次。

（2）大兴机场计划执行出港航班 76 架次。

（3）儋州洋浦累计完成水路货物周转量 1725.70 亿吨公里。

上例中的"人次、架次、吨公里"就是相乘的关系。比如一架飞机飞行 50 次，与两架飞机各飞行 25 次都可以表述为"50 架次"。

（二）相除关系复合量词

例如：

（4）一般路段，小客车最高限速值调整为 120 <u>公里 / 小时</u>。

（5）黄河济南泺口段的流量为 4600 <u>立方米 / 秒</u>。

（三）选择关系复合量词

例如：

（6）牡丹江市今年共计划检修农业机械 11.46 万<u>台套</u>。

（7）10 余天免费检秤 44 071 <u>台件</u>。

值得一提的是，常用的复合量词在构成形式上虽然是"名量词＋动量词"，但要注意，名量词一般来说是比较开放的类，即很多名量词都可以用来构成复合量词。而动量词只有"次"最常用来构成复合量词，如"班次、人次、件次、卷次、例次、艘次、部次、架次、批次、户次、辆次、台次"等。

最后，作为量词的重要组成部分，学界对复合量词教学的研究极为少见。《汉语水平词汇与汉字等级大纲》中并未收录复合量词；在对外汉语教材中，除了极少数专业汉语的阅读教材中偶尔出现复合量词外，绝大多数都未收录该类量词。令人欣慰的是，在 2021 年教育部、国家语言文字工作委员会发布的《国际中文教育中文水平等级标准》的"语法等级大纲（七—九级语法点）"中，我们发现了复合量词的影子，但遗憾的是，也仅有"人次"一个孤例而已。可见，复合量词的教学研究有着广阔的空间。

7. 什么是"借用量词"？

量词一般可分为名量词、动量词和时量词。不过，量词系统中除了专用的名量词与动量词外，还有一些临时或长期借用名词或动词来充当的量词，我们称之为"借用量词"。它们属于一个开放的词类，是现代汉语量词集合中不可忽视的一部分。借用量词一般可分为两类，即借用名量词与借用动量词。

一、借用名量词

借用名量词的来源比较复杂，主要有以下几类：

（一）借自人的身体器官

例如：

（1）碰了一鼻子灰

（2）一肚子花花肠子

（3）一身新衣服

（4）一头乌黑的秀发

（5）一手绝活

上例中的"鼻子、肚子、身、头、手"都是人的身体器官，在句子中借用为量词。

（二）借自与所计量物体形似的名词

例如：

（6）一扇门

（7）一瓣儿大蒜

（8）一团火

（9）一管日光灯

这类借用量词主要着眼于事物的外在形状，常常以某种具有该外形特征的典型事物为参照物，通过隐喻的方式来达成借用的目的。此类借用量词具有生动、形象的特点，修饰名词时起到摹状、描写的作用。

（三）借自所计量事物的承载物或容器

这类借用量词往往是根据动作或物体所凭借的工具、存在的处所或容器来突出其特点。例如：

（10）一床被子

（11）一<u>船</u>货物

（12）一<u>车</u>西瓜

（13）一<u>箱</u>水果

（14）一<u>袋</u>米

上例中，前三例中的"床、船、车"是借自物体所凭借的工具或存在的处所，后两例中的"箱"与"袋"则是借自物体所在的容器。

（四）借自与事物部分有关的普通名词

例如：

（15）一<u>尾</u>鱼

（16）一<u>项</u>帽子

（17）一<u>把</u>剑

（18）一<u>杆</u>枪

这类借用量词所代表的事物是其所修饰事物的一个组成部分，而这部分具有典型性，体现了事物最突出的特点。

二、借用动量词

借用动量词的来源也比较丰富，有的借自名词，有的则借自动词。例如：

（一）借自名词

借自名词的动量词有如下几类：

1. 借自人的身体器官

例如：

（19）打一<u>拳</u>

（20）踢一<u>脚</u>

（21）吃一<u>口</u>

（22）打一<u>巴掌</u>

（23）看两<u>眼</u>

2. 借自工具

例如：

（24）砍一<u>刀</u>

（25）打一<u>棒子</u>

（26）抽一<u>鞭子</u>

（27）写两<u>笔</u>

（28）打一<u>枪</u>换一个地方

3. 借自伴随的事物

例如：

（29）叫一<u>声</u>

（30）走两<u>步</u>

（31）绕两<u>圈</u>

（二）借自动词

代表性的如：

（32）吓一<u>跳</u>

（33）鞠一<u>躬</u>

（34）拜三拜

需要注意的是，借用量词其实是有长期和临时之分的，具体来说，长期借用量词大都是借自名词，而且在使用中具备了量词的特点，其量词的意义是在语境中体现的，如"杯、碗、盆、车"等。临时量词是指临时将名词借作量词用，有很强的临时性，一般是和"一"组成的数量结构，此处的"一"是"满"的意思，如"一脑门子、一河水"等。

8. 什么是"个体量词"？

汉语在形态上没有单复数标记，在表示事物量的概念时，主要通过量词系统来表达。吕叔湘（1999）曾提到，量词的普遍应用是现代汉语的一大特点，不可计数的事物需要量词，可计数的事物也需要量词。可计数的、用于计量个体事物的词就叫"个体量词"。个体量词是相对于集合量词而言的，是名量词的一个子类，个体量词在汉语的语言运用和表达中承担重要的语法功能。个体量词不仅数量众多、使用频率高，而且称量范围广。拥有丰富多样的个体量词是汉语区别于其他非量词语言的重要特征之一，个体量词一定程度上反映了汉民族独特的思维方式与生活习惯。王力（1957/2004）指出，个体量词一般是由普通名词演变而来，并且个体量词的语法意义也是由名词的本义引申而来的。个体量词的产生对于汉民族量范畴的表达有着重要的意义。

个体量词一般具有以下特点：

一、与其他名量词一样，个体量词不能单独充当句法成分，一般需与数词或指示代词构成量词短语后修饰名词

例如：

（1）一<u>本</u>书

（2）一<u>张</u>纸

（3）这<u>头</u>牛

（4）那<u>把</u>伞

上例中，（1）～（2）是数量短语修饰名词，（3）～（4）则是指示代词与量词构成指量短语后共同修饰名词。

二、个体量词内部不平衡

在个体量词系统中，用于计量人的个体量词较少，只有"个、位、名"等几个。例如：

（5）一<u>个</u>朋友

（6）一<u>位</u>客人

（7）一<u>名</u>警察

而计量动物或其他事物的量词较多，有时甚至会根据动物的体型大小与活动

范围等选择不同的量词。例如：

（8）一<u>只</u>猫

（9）一<u>只</u>鸡

（10）一<u>头</u>大象

（11）一<u>头</u>牛

上例中，"猫"与"鸡"的体型较小，通常用"只"来计量；而体型较大的"大象、牛"则通常用"头"来计量。

三、大部分个体量词与其所计量的名词之间存在一定的理据性

除了极少数个体量词仅用于修饰某个特定物体外，大多数个体量词基本都可用于修饰一批具有相似特点的事物，这是因为它们在某些特征上存在相似性。例如：

（12）一<u>条</u>皮带

（13）一<u>条</u>裤子

（14）一<u>条</u>鱼

（15）一<u>条</u>蛇

（16）一<u>条</u>路

上例中的"皮带、裤子、鱼、蛇、路"虽为不同的事物，但是它们都具有"长条状"这一特点，因此人们可以通过隐喻机制发现它们之间的联系，从而得到理解。

四、个体量词与名词之间的搭配关系比较复杂

有些个体量词与名词是一对一的搭配关系。例如：

（17）一<u>匹</u>马

（18）一<u>封</u>信

有些名词则同时可以与多个个体量词搭配。例如：

（19）一<u>条</u>鱼

（20）一<u>尾</u>鱼

（21）一<u>斤</u>鱼

上例中，名词"鱼"就是根据语义表达的需要选择了不同的个体量词。

不难发现，与无量词的语言相比，汉语中的个体量词是独特且复杂的，因此对于将汉语作为第二语言的学习者来说，由于对个体量词比较陌生，再加上这类词的数量多、使用频率高等，所以掌握起来有较大难度，且在使用过程中极容易出现错误。因此，需要教师使用合适的方法引导与耐心纠错。

9. 什么是"集合量词"？

集合量词与个体量词同为名量词的下位小类，但二者在语义与用法上有着明显的区别：个体量词所计量的名词成分一般是单独的个体，而集合量词所修饰的名词通常是数目大于一的群体；个体量词重在分类，集合量词强调数量。二者共同构成了名量词的主体部分。

一、集合量词的定义

从以往研究成果看，学者们对"集合量词"这一小类有着两种不同的称呼，即"集合量词"与"集体量词"。前者如丁声树、吕叔湘、李荣（1961），程荣（1996），俞士汶、朱学锋、王惠（2003），黄伯荣、廖序东（2007）等；后者有赵元任（1979）、吕叔湘（1999）、宗守云（2010）等。我们赞同宗守云（2010）对"集合量词"的阐述：从词义的角度看，"集合"既可以用于人，也可以用于物，是和"个体"相对的概念；"集体"多用于人，是和"个人"相对的概念。表示集合性质的这一类量词不仅有用来指人的，而且还有用来指物的，甚至还有用来指抽象的观念的。因此，使用"集合量词"这个术语具有更强的理据性。

虽然上述学者对"集合量词"的称呼与定义不尽相同，但核心观点大同小异，即都承认集合量词在数量上具有"大于一"的显著特征。因此我们根据集合量词自身及其所修饰名词的特点，并综合各家之言，将"集合量词"定义为：集合量词是指把一个以上的同类事物作为群体事物来计量的词。

二、集合量词的类别

一般来说，常见的集合量词有定数集合量词与非定数集合量词两类。

定数集合量词就是数量固定的集合量词，常见的如：

（1）一<u>对</u>恋人

（2）一<u>双</u>袜子

（3）一<u>副</u>对联

（4）一<u>打</u>啤酒

（5）一<u>刀</u>纸

上例中的量词都可以表示固定的数量，如"对、双、副"都表示"2"个，"打"表示"12"个，"一刀纸"则是"100张纸"的意思。

非定数集合量词，顾名思义，是指没有确定具体数量的集合量词，这类数量比较多，如：

（6）一<u>帮</u>朋友

（7）一<u>串</u>糖葫芦

（8）一<u>束</u>鲜花

（9）一<u>叠</u>纸

（10）一<u>堆</u>沙子

（11）一<u>批</u>货物

上例中，"一帮朋友"到底是几个没有明确的标准，"一叠纸"是多少张也不好说，都没有固定的数量。类似的非定数集合量词还有"簇、队、伙、捆、列、排、窝、行、套、组"等。

还有一些集合量词，可兼指不同的数量，宗守云、张谊生（2008）称之为"相对定数集合量词"。例如：

（12）一<u>条</u>烟

（13）一<u>条</u>肥皂

（14）一<u>件</u>水

（15）一<u>件</u>牛奶

上例中"一条烟"一般是10包，而"一条肥皂"往往由两三块组成；"一件水"指10瓶或12瓶，"一件牛奶"通常是12包或者24包。可见，集合量词"条"与"件"在计量不同的事物时所表示的数量也有差异。

需要注意的是，有少数量词兼具"个体量词"与"集合量词"双重身份，例如：

（16）一把雨伞

（17）一把菜刀

（18）一把沙子

上例中，（16）～（17）中的"把"是"个体量词"，例（18）则是"集合量词"。

类似的量词还有"支、条、班、件"等。

10. 什么是"不定量词"？

不定量词是指表示不确定或模糊量的量词，汉语中主要有"点（儿）"与"些"两个。不同学者对于不定量词有不同的归类与称呼。如赵元任（1979）、吕叔湘（1980）把"点（儿）"和"些"归为"部分量词"；朱德熙（1982）直接将"不定量词"单独划为一类；黄伯荣、廖序东（2007）称"点（儿）"和"些"为"不定单位"；房玉清（2001），刘月华、潘文娱、故韡（2001）也把"点（儿）"与"些"列为"不定量词"，并将其作为名量词的一个小类。

虽然各家对不定量词的分类与命名有所差异，但不难发现，学者们的所指都是相同的，即都包含"点（儿）"与"些"两个量词。

一、不定量词与其他一般量词的区别

不定量词虽可用来计量名词，但与一般量词又有着明显的区别。我们知道，一般量词基本都可与数词自由组合构成数量短语，例如：

（1）一本书

（2）两<u>支</u>笔

（3）三<u>头</u>牛

（4）四<u>辆</u>车

不难发现，上述名量词与数词的搭配比较自由，"数词"可以为不同的数字；但不定量词"点（儿）"和"些"却受限较大，通常只能与"一"等少量词语组合，且"一"经常可省略。例如：

（5）给我（一）<u>点儿</u>水。

（6）我想吃（一）<u>点儿</u>面包。

（7）能不能借我（一）<u>些</u>钱？

（8）给我提（一）<u>些</u>建议

上述例句中的"一"均不能换为其他数词。需要指出的是，"点（儿）"有时可以与"半"搭配使用，形容数量极少，但是"些"没有此用法。例如：

（9）这件事很重要，不能有<u>半点儿</u>马虎。

（10）这孩子没有<u>半点儿</u>孝心。

（11）他走了，没有<u>半点儿</u>犹豫。

上例中的"半点儿"皆表示"量极少"的含义，多用于否定句，且其后的名词大都为抽象名词。

此外，一般量词大都可以重叠，重叠后表示"每一"或"逐一"，但"点（儿）"和"些"一般不能重叠。例如：

（12）<u>本本</u>都是好书。

（13）<u>家家</u>都有难念的经。

（14）*<u>点儿点儿</u>都好吃。

（15）*<u>些些</u>都是好建议。

显然，例（12）～（13）可以说，而（14）～（15）则是不合法的句子。

二、名量词与动量词的"点（儿）"与"些"

不定量词"点（儿）"与"些"既可以修饰名词，也可以修饰动词与形容词，但主要用来修饰名词。因此，本书把不定量词看作名量词的下位小类之一。我们暂且把修饰名词的"点（儿）"和"些"称为名量词，把修饰动词和形容词的"点（儿）"和"些"看作动量词。例如：

（16）晚上我们一起喝点儿啤酒。

（17）我做一些菜，再点两个外卖。

（18）喝了一杯开水后，她才感觉慢慢舒服了一点儿。

（19）他的性格总算开朗了一些。

上例中，前两例中的"点（儿）"与"些"修饰名词"啤酒"与"菜"，是名量词；而后两例的"点（儿）"与"些"则用在谓词"舒服"与"开朗"后，表示程度的增减，应为动量词。可见，"点（儿）"与"些"既可以修饰名词，有时也可用来修饰动词。

最后，作为不定量词的"点（儿）"与"些"在用法上也存在明显差异，主要体现在语义、计量对象与计量范围上。[详见本书第44条"'点（儿）'与'些'的用法有何不同？"]

11. 什么是"度量衡量词"？

要想知道何为度量衡量词，就要先了解什么是度量衡。度量衡是日常生活中用于计量物体长短、容积、轻重等单位的统称。具体来说，"度"是计量长短的器具，"量"是测定计算容积的器皿，"衡"是测量物体轻重的工具。因此，作为量词使用时，"度"是计量物体长短的单位，"量"是计量物体容积的单位，"衡"则是计量物体轻重的单位。

度量衡量词是量词中的一个特殊小类，类属于名量词，也是最早出现的一类量词。就人类语言共性来说，几乎每种语言都需要对物体的长短、容积、轻重进行计量，所以基本都有度量衡量词。而且，随着全球一体化的发展，国际社会需要对度量衡量词有统一的标准与规范，为了跟国际更好地接轨，我们现在日常生活中所使用的度量衡量词大都是国际通用的度量衡单位，如"千米、米、分米、厘米、升、毫升、千克、克"等。

度量衡量词可根据计量内容的不同分为以下几类：

一、计量长度的度量衡量词

例如：

（1）一<u>米</u>绳子

（2）一<u>千米</u>路

二、计量容量的度量衡量词

例如：

（3）一<u>升</u>水

（4）一<u>公升</u>汽油

（5）五十<u>毫升</u>酒精

三、计量重量的度量衡量词

例如：

（6）一<u>千克</u>苹果

（7）一<u>吨</u>废铁

（8）十<u>克</u>食盐

四、计量面积的度量衡量词

例如：

（9）五<u>平方米</u>地砖

（10）一<u>公顷</u>土地

五、计量体积的度量衡量词

例如：

（11）一<u>立方米</u>天然气

（12）一<u>立方分米</u>格子

我们知道，几乎所有语言都有度量衡量词，并且国际社会在度量衡量词的使用上逐渐趋同化。那么，是不是就意味着度量衡量词不重要，留学生没有学习的必要呢？当然不是。在中国生活过一段时间的留学生会发现，中国人在买蔬菜、水果时，经常会问的一句话是"多少钱一斤？"而非"多少钱一千克？"或者"多少钱一公斤？"，这说明度量衡量词"斤、两"在中国人日常生活中的使用频率要远高于"公斤、千克"，而且汉语中还有一些其他语言所没有的特有度量衡量词。具体有以下几类：

一是汉语计量长度的度量衡量词。例如：

（13）一尺窗帘

（14）一寸土地

二是汉语计量容量的度量衡量词。例如：

（15）一斗米

（16）一石粮食

上例中的"一斗"是十升，"一石"为十斗。

三是汉语计量重量的度量衡量词。例如：

（17）一斤苹果

（18）二两酒

四是汉语计量货币的度量衡量词。例如：

（19）一元钱

（20）五角钱

（21）三分钱

上例中的量词"元、角、分"在口语中一般用"块、毛、分"来表示。

五是汉语计量面积的度量衡量词。例如：

（22）一亩地

（23）三分地

可见，这些汉语专有的度量衡量词与国际通用度量衡量词在形式与内涵上都存在着差异，而这些也是量词学习不可分割的一部分。

12. 量词有什么语法特征？

一般来说，量词主要具有以下语法特征：

一、量词通常与指示代词或数词一起构成数量短语，充当定语、状语、主语、宾语、补语等句法成分

例如：

（1）她有一个哥哥。（数量短语做定语）

（2）这位作家的书我买了三本。（数量短语做宾语）

（3）村里一百多家都有汽车。（数量短语做主语）

（4）他一把推开那个男人。（数量短语做状语）

（5）这本书我看了三遍。（数量短语做补语）

虽然数量短语在句中可充当不同的句法成分，但是每个位置的出现频率具有不平衡性。据惠红军（2011）对《骆驼祥子》与《围城》中的 20 个常用名量词进行的穷尽性考察，在现代汉语中，名量词数量结构的主要句法功能是充当定语，其次是充当宾语，再次是充当主语，其充当谓语、状语、补语的情况较少。而且，数量短语中间通常不能插入其他成分，如我们不能说"*一旧个手机、*一大个西瓜"，而应该说成"一个旧手机、一个大西瓜"。但如果名词所代表的事物是可被分割的，数词与量词之间则可以插入"大、小"等少数几个形容词，如"一大块西瓜、一小杯啤酒"等。

二、单音节量词多数可重叠，重叠后可单独充当主语、谓语、定语、状语等，但一般较少做宾语和补语

例如：

（6）家家都在贴对联。（做主语）

（7）雨声阵阵（做谓语）

（8）<u>首首</u>曲子都很动听。（做定语）

（9）<u>代代</u>相传（做状语）

名量词重叠后大都表示"遍指"，有"无一例外"的意味，如例（6）、例（8）；有时也有"逐一"的含义，如例（9）。

数词与量词组成数量短语后也可重叠，重叠方式一般为"一A一A"式或"一AA"式，重叠后一般做主语、定语或状语。例如：

（10）<u>一个个</u>回答问题都很积极。（做主语）

（11）<u>一般一般</u>的货物运往国外。（做定语）

（12）警车<u>一辆一辆</u>陆续开走了。（做状语）

三、量词一般不能单独充当句法成分，需要与数词一起才能修饰名词，当量词前的数词为"一"时，通常可以省略

例如：

（13）给我来<u>瓶</u>啤酒。

（14）他想有<u>个</u>弟弟。

需要说明的是，数量短语修饰名词，一般置于名词之前，但也有少数情形置于名词之后：一是当量词为复合量词时，如"进港航班取消165架次"；二是被修饰的名词比较复杂时，如"这个酒店有大小房间300多间"等。

四、量词也可用在指示代词或疑问代词后，构成指量短语

例如：

（15）<u>这位</u>是王老师。

（16）<u>那个</u>是我的。

（17）<u>哪两本</u>是他的书？

上例中，前两例为指示代词与量词搭配使用，例（17）则是疑问代词与量词组合构成指量短语。数量短语和指量短语统称"量词短语"。

五、量词能与名词进行组合，在普通话与方言中存在各自不同的选择关系，有的相同，有的则不同

例如：

（18）一条鱼（普通话）

蜀头鱼（福州话）

（19）一条围巾（普通话）

一堂围巾（上海话）

上例中，普通话用"条"来计量"鱼"与"围巾"，而福州话则用"头"计量"鱼"，上海话用"堂"来计量"围巾"。

最后，因量词与数词、名词的语法功能较为接近，因此三者又合称为"体词"。

13. 量词有什么语义特征？

量词的语义特征既反映着量词与客观事物之间的关系，也反映着量词与其他词类之间的语义搭配关系。量词通常是与数词构成数量短语后再修饰名词、动词与形容词。因此，量词的语义特征也体现在与上述三类词之间的互相制约中。

一、量词受名词的语义制约

量词受名词的语义制约，表现为以下三个方面：

（一）量词与名词之间通常不是一对一的搭配关系

对于相同的事物，人们在不同的语境下会选择不同的量词对其进行修饰。例如：

（1）一位教授 / 一个教授 / 一名教授

（2）一轮月 / 一弯月 / 一钩月

上述两组例子都是用不同的量词来修饰同一个名词，相应地，量词也具有不同的附加义。如例（1）中的"一位教授"有尊敬的意味，"一个教授"是单纯的计量，而"一名教授"则更多地强调职业。认知语言学指出，人们在认识和理解某一事物时，可从不同的视角或事物的不同侧面来观察该事物，从而形成不同的意象。上述"一物多量"现象的产生正是源于不同视角与侧面的观察结果。

当然，反过来，对于不同的事物，我们也可以用同一个量词来修饰。例如：

（3）一条皮带／一条绳子／一条鱼

（4）一块豆腐／一块地／一块钱

此时，能受同一个量词修饰的名词往往在某些方面具有相似的特征。在隐喻机制的作用下，事物之间的共有特征通过量词得以显现，从而形成了"一量多物"的语言现象。

（二）量词具有描绘性的语义特征

有些量词描绘了所修饰事物的整体形态特征。例如：

（5）一条蛇

（6）一滴水

（7）一团火

上例中的"条、滴、团"描绘的就是"蛇、水、火"的整体形态。

也有些量词描绘了事物的部分形态特征。例如：

（8）一头牛

（9）一口人

（10）一尾鱼

可见，上述量词除了计量功能外，还有描绘事物形态的功能，至于选择何种量词则受所修饰名词的语义制约。

（三）量词具有比喻性的语义特征

有些量词与名词之间具有比喻关系，这些量词一般为借用量词。此时，可根据事物之间的相似性，为名词选择合适的量词。例如：

（11）一眼井

（12）一扇肉

（13）一线天

上例中的量词与名词之间在某些特征上具有相似性，是喻体与本体的关系，如用"眼"来比喻"井"、用"扇"来比喻"肉"等。

二、量词受动词的语义制约

与名量词不同，由动量词构成的数量短语一般用在动词后做补语，也可以用在动词前做状语，此时，量词受动词的语义制约。例如：

（14）骂了一顿/骂了一通

（15）一顿骂/一通骂

（16）表了一番心意/吃了一顿饭

在（14）～（15）中，"一顿"与"一通"分别做补语与状语，这里的数词"一"是强制性的，一般不能说"骂了两通、两通骂"。可见，量词"顿、通"的语义不重在表量，而在于表示动作的过程与时段。（16）比较特殊，"一顿"既可以理解为"吃"的补语，也可以理解为"饭"的定语，其语义指向受动词与名词的双重制约。

三、量词受形容词语义的制约

现代汉语中，也有量词可以用来修饰形容词，主要包括以下两类：

（一）度量衡量词

例如：

（17）三十公斤重

（18）一米长

（19）五公里远

（二）摹状量词

能受摹状量词修饰的一般为颜色、心理状态、表情等几个方面的形容词。例如：

（20）一<u>片</u>雪白

（21）一<u>片</u>寂静

（22）一<u>丝</u>恐惧

（23）一<u>丝</u>伤感

综上可见，量词的语义特征不可避免地受到其所计量的名词、动词与形容词的语义制约。

14. 量词都可以重叠吗？

重叠是汉语量词的语法特点之一，一般来说，汉语中的大多数量词都可以重叠。

一、量词重叠的形式

汉语量词的重叠形式主要有以下两种：

（一）"AA 式"

例如：

（1）<u>颗颗</u>都很饱满。

（2）<u>本本</u>都是好书。

（3）<u>回回</u>都经过这个地方。

（4）<u>场场</u>都是大雪。

（二）"一 AA 式"

例如：

（5）<u>一片片</u>树叶慢慢飘落下来。

（6）她<u>一次次</u>地问，想要得到明确的答复。

（7）<u>一栋栋</u>楼房拔地而起。

二、量词重叠后可以充当哪些句法成分？

量词重叠后可充当多种句法成分，常见的主要有主语、定语、谓语等。例如：

（8）<u>个个</u>都是好样的。（做主语）

（9）<u>家家</u>有本难念的经。（做主语）

（10）<u>条条</u>大路通罗马。（做定语）

（11）空气中飘来<u>阵阵</u>花香。（做定语）

（12）繁星<u>点点</u>。（做谓语）

三、量词重叠后表示的语法意义

量词重叠后的语法意义不尽相同，通常有以下两种：

（一）表示"每一"，遍指量词修饰名词所代表的事物的全体

例如：

（13）<u>部部</u>都是经典。

（14）<u>句句</u>都是大实话。

需要注意的是，表示"每一"的量词重叠与代词"每"是有区别的。一般来说，量词重叠一般不用于分指全体中的个体，而是指"由个体组成的全体"，有"全部都……"的意思；而"每"既能分指个体，也能指全体。举例如下：

（15）<u>家家</u>门上都贴上了对联。（全体）

（16）<u>每一家</u>门上都贴上了对联。（全体）

（17）每个人做好自己的那一部分。（个体）
（18）*个个做好自己的那一部分。（个体）

（二）表示"数量多"。例如：

（19）教室外传来阵阵歌声。
（20）曾经的农田上建起了一座座高楼大厦。
例中的"阵阵、一座座"就是"很多阵、很多座"的意思。

四、所有量词都能重叠吗？

虽然汉语中大多数量词都可重叠，但也有几类量词通常不能重叠，主要有以下几类：

（一）度量衡量词。例如：

（21）*斤斤肉
（22）*米米布

（二）复合量词。例如：

（23）*立方米/秒立方米/秒
（24）*人次人次

（三）不定量词。例如：

（25）*点儿点儿水
（26）*些些面包

（四）身体器官类借用量词。例如：

（27）*一肚子肚子坏主意
（28）*一腿腿泥

可见，并非所有量词都能重叠，上述四类量词就是最好的例证。

15. 量词可以省略吗?

在现代汉语中,一般来说,名量词大都不能省略。例如:

(1)*一书

(2)*一衣服

(3)*一电视

与名量词类似,大多数情况下,汉语的动量词通常也不能省略,否则也很难成立。例如:

(4)看一遍(*看一)

(5)去两次(*去两)

(6)跑三趟(*跑三)

括号里省略动量词后的语言组合显然是不能成立的。那么,是不是所有的量词都不能省略呢?答案也并非那么绝对。至少在以下几种情形中,数词与名词之间的名量词是可以省略的。

一、古文格式或成语

例如:

(7)我们坚决不拿群众一针一线。

(8)百家争鸣,百花齐放。

(9)我又没有三头六臂,无法接这么多工作。

上例中的"一针一线、百花齐放、三头六臂"都省略了量词,如"一针一线"省略的"根"与"条",由于该结构已经是一个意义较为固定的成语,并非指具体的"一根针、一条线",而是泛指"极少的物品",因此量词可以省略。其余二例可类推。

二、大小单位连用

这里的单位主要指的是度量衡量词，当相邻的大小两个单位连用时，小单位的量词可以省略。例如：

（10）他的哥哥身高一米八。

（11）西瓜一块五一斤。

（12）现在九点二十。

上述三例中，（10）省略了"分米"，（11）省略了"毛"或者"角"，（12）则省略了"分"。显然，这是因为前面已经出现了一个较大单位的量词，省略小单位量词也不会造成歧义，因此可以省略。

三、天然成双的人体或动物器官

当天然成双的人体或动物器官名词为单音节时，数词"两"后的量词可以省略。例如：

（13）两耳冻得通红。

（14）两手沾满了泥巴。

（15）两腿没有一点儿力气。

但需要注意的是，若器官为双音节名词，则不能省略。例如：

（16）*两眼睛没有一点儿精神。

（17）*两耳朵很好看。

四、新闻和广告的标题

在新闻报道、报纸、广告等媒体的标题中，我们经常可以见到量词省略的情形。例如：

（18）厦门一客车高速路着火。

（19）战争已致十人死，五十人伤。

（20）一卡在手，游遍天下不用愁。

上例分别省略了量词"辆、个、张",这大概是因为新闻、报纸版面紧张,广告时间费用高昂,因而惜字如金省略量词。

五、日常口语交际

在日常生活中,我们经常听到这样的句子:

(21)给我来一包子。

(22)老板,再来一啤酒。

(23)给我一筷子。

不难发现,上例中的数词都是"一",分别省略了量词"个、瓶、双",这是因为我们在日常口语交际中,经常使用"俩、仨"这两个词,如"给我俩馒头、来仨可乐"等。此处的"俩"为"两个","仨"指"三个",本身就包含了量词的意义。而"给我来一包子"和"来一啤酒"等句子的使用就是类比模仿上述用法而省略了量词的结果。

16. 所有语言都有量词吗?

从语言类型学视角看,有量词的语言一般与"数"范畴标记的语言成互补分布。(Greenberg,1963)前者如汉语,名词没有复数形式,对事物进行量化时,需借助量词来表达。后者如英语,可数名词可通过后加"s/es"表示复数,单数则加"a/an",无须专用量词。那么,哪些语言有量词呢?可以肯定地说,绝大多数语言都有度量衡量词,但是有专用量词的语言不多,主要分布在以下几种语言中:

汉藏语系:汉语、泰语、壮语、苗语等。

印欧语系:波斯语等。

阿尔泰语系:朝鲜语、日语等。

南亚语系:柬埔寨语等。

此外,在达罗毗荼语、玛雅语中的哈卡尔特克语、非洲与大洋洲的土著语中也有零星分布。

从跨语言角度来看，量词（这里说的是指称事物单位的名量词）内部小类也是蕴含等级的。具体层级如下：

第一层：度量衡量词，如"斤、千克、米、尺"等。

第二层：容器量词，如"杯、桶、碗、锅"等。

第三层：集合量词，如"双、对、群、伙、批"等。

第四层：不定量词，如"点（儿）、些"等。

第五层：个体量词，如"个、本、只、头、根"等。

上述内容表明，名量词的类型具有等级蕴含关系。具体来说，处在第五层的量词蕴含之前所有的量词类型。假如一种语言存在个体量词，那它也一定存在之前的四类量词，汉语就是这种语言的代表，反之则不然。事实上，一般认为英语缺少量词的观点是不准确的，英语拥有除了个体量词之外的其他四类量词。见下例：

（1）a kilo of oranges；a meter of cloth；a liter of milk

（2）a glass of beer；a cup of coffee；a bucket of water

（3）a pair of shoes；a suit of clothes；a set of stamps

（4）a few friends；a lot of books；some problems

上例中，（1）中各例是度量衡量词，（2）属于容器量词，（3）是集合量词，（4）则为不定量词。

英语中有些量词甚至比汉语还要丰富，如英语在表达集合量词"群"的概念时，可根据所计量动物的不同选择不同的量词。例如：

（5）a pack of wolves（一群狼）

（6）a herd of goats（一群山羊）

（7）a school of fish（一群鱼）

（8）a flock of birds（一群鸟）

（9）a swarm of bees（一群蜜蜂）

观察上例不难发现，英语中修饰动物的集合量词是比较丰富的，量词会根据所修饰名词的不同而发生相应的改变，而汉语却往往只用一个"群"字来概括。

因此，严格地说，英语并非没有量词，只是缺少个体量词。可见，不少人认为的"量词是汉藏语系所独有的、只有汉语有专用量词"的观点是值得商榷的。此外，需要注意的是，即使在量词系统发达的汉藏语系内部，也存在量词发达与不发达之分。如汉语、壮语、苗语等语言有着丰富的个体量词，且量词使用具有强制性；而藏语、景颇语、门巴语、仓洛语、达让语等语言中，个体量词数目少，且量词使用在句法上没有强制性，数词也可以直接修饰名词。

第二部分 名量词

17. "几口人"与"几个人"有什么不同?

在对外汉语教学中,我们经常会教授留学生这样的句子:

(1)你家有几口人?

(2)你认识几个中国人?

在解释上述两例为何同样是修饰人却采用了不同的量词时,我们的回答通常是:"'口'主要用于计量家庭成员,'个'可用于计量其他人。"于是留学生在具体使用时,往往会出现以下错误用例:

(3)*我有一口哥哥,两口姐姐。

(4)*你有几口弟弟?

上述例句显然是错误的。那么,"口"与"个"在修饰"人"时到底有何区别?为什么在询问家庭成员时一般用量词"口"呢?我们先来看一下量词"口"的用法。在现代汉语中,"口"所计量的对象主要有以下几类:

一、用于家庭和村庄中的人口

例如:

(5)这个村子有多少口人?

二、用于牲畜(主要指猪)

例如:

(6)一百多口猪

三、用于有口或者有刃的某些器物

例如：

（7）一口铜钟

（8）一口井

（9）一口锅

四、用于语言和方言

例如：

（10）一口正宗的北京话

（11）一口流利的英语

此时，"口"前的数词比较固定，仅限于"一"。

五、与"口"的某种功能相关的物品

例如：

（12）喝一口酒

（13）抽一口烟

上述例句中，看似不同的物品为何都能用量词"口"计量呢？我们认为，这与认知上的转喻、隐喻密切相关。

来看一下"口"的本义："口，人所以言食也。"（《说文解字·口部》）段玉裁注："言语、饮食者，口之两大端也。"换言之，"口"（或者说"嘴"）在人的生命延续与社会交流方面具有非常重要的地位，毕竟家里有几口人就代表着有几个人要吃饭、要生存，相应地就会获得认知主体的重点关注，从而使其在人体的整体结构中凸显，并触发转喻，使结构单位与结构整体产生关系，如"你家有几口人"中的"口"就是根据事物之间的相关性进行转喻的结果。类似的转喻还有例（6）和例（10）～（13）。

而例（7）～（9）中的"口"则是隐喻的结果。我们知道，隐喻是基于事物之间的相似性而产生的，"钟、井、锅"在形态上都与人的"口"有相似之

处,因此,在隐喻机制的作用下,"口"也可以用来计量外形像"口"一样的物体。

至于为什么不能说"我有几口哥哥"呢?是因为该问句并非要问"你家有几个需要吃饭以维持生存的哥哥",而是一个简单询问数量的句子,所以自然也就无需用"口"了。

再来看一下"个"。《现代汉语词典》(第7版)对量词"个"的解释是:用于没有专用量词的名词(有些名词除了用专用量词之外也能用"个"),如"三个苹果、两个星期"等。《现代汉语八百词》中对于量词"个"的解释为:通用个体量词,用于没有专用量词的事物,如"一个人、一个国家"等。显然,上述解释并没有解决我们对"个"在用于计量人时到底与"口"有何不同的疑惑。实际上,下列家庭成员都需要用"个"来计量而不能用"口"。例如:

(14)长辈:一<u>个</u>母亲/一<u>个</u>爷爷/一<u>个</u>祖父……

(15)平辈:一<u>个</u>哥哥/一<u>个</u>妹妹/一<u>个</u>弟弟……

(16)晚辈:一<u>个</u>儿子/一<u>个</u>女儿/一<u>个</u>孙子……

上述家庭成员名词均不能被"口"所计量。可见,量词"口"在计量人时具有明显的附加义,而"个"仅仅具有计量功能。此外,"个"的口语色彩较浓,用其计量事物时有轻松、随意的意味,很少用于书面语。

18. "一位教师"与"一名教师"一样吗?

量词"位"和"名"都可以与数词搭配,用来计量人,二者经常可以相互替换。例如,我们可以说"一位公民、一位医生",也可以说"一名公民、一名医生"。但是,在一些情况下,"位"与"名"又不能随意替换。比如,我们可以说"一名小偷、一名犯罪嫌疑人",却不能说"*一位小偷、*一位犯罪嫌疑人"。由此可见,二者既有联系又有区别,各自有其独特的使用环境。那么,两者在使用上究竟有何区别呢?我们先来看一下二者的本义。

一、"位"与"名"的本义

"位"的本义是朝廷中群臣的位列，有严格的尊卑之分。先秦两汉时期，"位"多表示显贵之位。王力（1980）指出，单位词是由普通名词演变而成的，并且它们的语法意义就是由它们的本来意义引申的。这为"位"的本义后来带有尊敬之意并可用于称量人提供了可能性。据刘世儒（1965）考察，"位"用作量词最早出现于魏晋南北朝时期。黄玲（2019）认为，南宋以后，"位"表尊敬之意的用法又得到了加强，并趋向稳定和巩固，很少有用量词"位"计量一般人物的例子出现。元明清阶段，量词"位"计量敬意的特征极其明显。至此，其带有浓厚尊敬意味的计量人的用法就固定下来，与现代汉语中的量词"位"基本趋于一致了。

再来看一下"名"的本义，"名"本义为人的名字。"名"最初用作量词是用来计量"神灵"的，而且这些神灵一般具有专门职能。到了明清时期，"名"用作计量人的量词已普遍使用，此时，量词"名"所计量的名词一般为某类职业。例如：

（1）恐有疏虞，特着徐典史领三百名兵快，协同防守。（〔明〕凌濛初《初刻拍案惊奇》第十章）（例句引自黄玲，2019）

（2）家人领命，忙忙备下花红财礼，藏在身上；点了三十名打手，抬了乘轿子，一齐出北门来了。（〔清〕竹溪山人《粉妆楼》第八回）（例句引自黄玲，2019）

上例中的"兵快、打手"就是职业，此时量词"名"的用法与现代汉语已经相差无几了。

二、"位"与"名"的计量对象

"位"作为量词使用时，其计量的对象一般具有某种身份，且该身份往往是正面形象的、积极向上的，或者为社会做出一定贡献的、受到人们尊重的人。因此，"位"作为量词往往表达的是庄重、敬畏的态度，常用于书面语。例如：

（3）一位教授

（4）两位代表

（5）三位家长

（6）四<u>位</u>贵宾

（7）五<u>位</u>客人

（8）六<u>位</u>领导

"位"偶尔也可用于口语，常见于餐厅场景。例如：

（9）请问，你们几<u>位</u>？

（10）两<u>位</u>这边请。

而"名"作为量词使用时，其计量对象往往是具有某种身份或某种职业的人。与"位"不同，"名"一般没有"尊敬"的含义，而是具有中性的感情色彩。换言之，量词"名"既可以计量正面形象的职业或身份的人，也可计量反面形象的职业或身份的人，所计量的对象不涉及对人们的爱憎意味与褒贬评价。例如：

（11）一<u>名</u>教师

（12）两<u>名</u>囚犯

（13）三<u>名</u>导游

（14）四<u>名</u>运动员

（15）五<u>名</u>厨师

（16）六<u>名</u>警察

综上可见，"位"一般表示尊称，强调的是被计量人物具有某种身份（有时也可为职业），且该身份往往都是正面的形象，一般不用于反面形象，如我们一般不说"*一位罪犯、*一位小偷、*一位汉奸"等；"名"强调的是被计量人物的职业（有时也可为身份），无褒贬色彩，如"一名警察、一名英雄、一名偷渡客、一名暴徒"等。如果被修饰的人物既是正面的、积极的，又具有某种职业，二者一般可互换。

19. "一台手机"还是"一部手机"？

在对外汉语教学中，"部"和"台"是一对比较有意思的近义量词，因为它们有时可以计量同一个名词，如"一台电话、一部电话"等；有时又有不同的分工，如"一台洗衣机、一台电冰箱"可以说，"*一部洗衣机、*一部电冰箱"却不行。这就给留学生带来了很大的困扰，他们经常将两者混淆。那么，两者究竟有何区别呢？

我们先来看下《现代汉语词典》（第7版）对量词"部、台"的解释：

部：（a）用于书籍、影视片等，如"两部字典、三部电视剧"。（b）用于机器或车辆，如"一部机器、两部汽车"。

台：（a）用于整场演出的戏剧、歌舞等，如"一台戏、一台晚会"。（b）用于机器、仪器等，如"一台机床、三台天文望远镜"。

其分类比较笼统，不易操作。要想真正区分两者的语义，就要先了解"部"与"台"的本义。

一、"部"的本义

部，"天水狄部"（《说文解字·邑部》），指天水郡狄部所在地，是某一地域下分出的行政单位，后来引申为部队、类别、部分，用作量词时，引申为对某一整体的组成部分进行计量的用法。因此，与"部"搭配的名词，主要凸显的是某个整体由几个部分组成的特征，主要有以下几类：

（一）书籍类

例如：

（1）一部小说

（2）一部词典

（3）一部作品

（4）一部文集

除上述用例外，"一部法律、一部秘籍、一部著作、一部日记"等也较为常见。

（二）影视类

例如：

（5）一部电影

（6）一部电视剧

（7）一部交响乐

"电视剧、交响乐"等都是由很多单集或乐章组成的，因此可用"部"来计量。类似的还有"一部故事片、一部纪录片、一部戏剧"等。

（三）机器类

例如：

（8）一部机器

（9）一部电梯

（10）一部车床

机器主要是由不同部件构成的，自然也可用"部"修饰。"计算机、照相机"等亦是如此。

二、"台"的本义

我们再来看一下"台"的本义。台，"说也"（《说文解字·口部》），后引申为"方形平顶的瞭望高地"。因此，量词"台"凸显的是名词具有"高、平"的特点，其所计量的名词也可分为两类：

（一）设备类

例如：

（11）一台仪器

（12）一台打印机

（13）一台缝纫机

不难发现，能用"台"计量的名词一般都有"高"且"平"的特点，此类名词常见的还有"设备、电冰箱、半导体、抽水机、发电机、印刷机、播种机、洗衣机、锅炉、电钻、水泵、机床、马达"等。

（二）活动类

例如：

（14）一<u>台</u>戏

（15）一<u>台</u>晚会

（16）一<u>台</u>话剧

上述名词都有一个共同的特点，即举行这些活动的场所一般需要一个相应的平台，如"戏、晚会、话剧"都需要舞台。此外，"舞剧、歌舞、音乐会、节日"等也可由"台"所计量。

当然，也有些名词可以同时被"部"和"台"计量，这是因为我们在使用不同的量词时，表现的侧重点不同。当强调物体是由各部分组成的整体时，选择量词"部"；如果强调的是位于某平面上的物体时，则使用量词"台"。

20. 为什么要说"一只猫、一头牛、一匹马"？

动物量词是留学生学习的难点之一，因为在绝大多数语言中，动物都没有专用的量词。那么，为什么在现代汉语中，不同的动物需要与不同的量词进行搭配呢？比如要说"一只猫"不说"一头猫"，要说"一头牛"不说"一条牛"，要说"一匹马"不说"一头马"。下面我们分而述之。

一、"只"的计量对象及范围

只（隻），"鸟一枚也。从又持隹"（《说文解字·隹部》）。可见，"只"的本义是"鸟一只"，后逐渐引申为用于计量鸟类或器物的量词。因此，"只"最初计量的动物都具有"体形小"的特点。主要包括以下几类：

（一）鸟类

（1）一<u>只</u>麻雀、一<u>只</u>鸽子、一<u>只</u>鹦鹉、一<u>只</u>鸡、一<u>只</u>乌鸦

（二）昆虫类

（2）一只螳虫、一只蟋蟀、一只苍蝇、一只蝴蝶、一只蜜蜂

（三）两栖动物

（3）一只青蛙、一只乌龟、一只鳄鱼

如今，"只"除了可以计量体形小的动物外，也可用于计量一些"动作灵敏"的动物。例如：

（4）一只老虎、一只豹子

此外，"只"还可用于计量成对的器官或物体。例如：

（5）一只眼睛、一只耳朵、一只手、一只手套、一只鞋子

二、"头"的计量对象及范围

"头"，本义指"脑袋"。后来作为量词使用时，主要计量对象为"牛、羊"等兽类动物。在现代汉语中，"头"主要用于计量体形比较大的家畜或兽类。例如：

（6）一头大象

（7）一头牛

（8）一头驴

（9）一头狮子

（10）一头长颈鹿

上例中，能被"头"计量的"大象、牛、驴、狮子、长颈鹿"等大都是体形相对较大的动物，类似的还有"猪、熊、河马"等。

此外，"头"还可以用来计量形状像头的物体，例如"一头蒜、一头洋葱"等。

三、"匹"的计量对象及范围

"匹"，本义是"计算布帛长度的单位"。因此，"匹"演变为量词后，受其本义的影响，通常用来计量与"布帛"有关的事物。主要有以下两类：

（一）布帛

（11）一<u>匹</u>布

（12）一<u>匹</u>绸缎

（13）一<u>匹</u>锦

（二）体型较大的动物

（14）一<u>匹</u>马

（15）一<u>匹</u>骆驼

（16）一<u>匹</u>狼

为什么同样是体形较大的动物，我们可以说"一头牛、一头羊"，却要说"一匹马"呢？这是因为古代祭祀时，需要把羊和牛的头砍下来作为祭祀品。而"马"比较特殊，因为它是重要的交通工具和战争工具，因此一般不用马来祭祀，而且马是被用来驾车或骑乘的，所以会在马背上垫上布，配上马鞍，因此马就叫作"马匹"，又因马身上常常会放一块布，后来就用计量"布"的量词"匹"来计量"马"。

综上可见，现代汉语中，虽然量词"只、头、匹"都可以用来计量动物，但三者有着比较明确的分工。具言之，"只"一般用于体形较小的动物，有时也可指体形较大但动作灵活的动物；"头"多用于体形较大的家畜或兽类；而"匹"的适用范围较窄，主要用于"马、骆驼"等少数几种体形相近的动物。有时候三者也会有交叉，比如，我们既可以说"一只老虎"，也可以说"一头老虎"，这是因为"老虎"同时兼具了"动作灵活"与"体形大"两类特点，因此与二者均可匹配。

可见，三个量词的计量对象与适用范围还是有一定规律可循的。

21. "一片面包"和"一块面包"有什么不同？

量词"片"与"块"是对外汉语教学中高频出现的词汇，在《汉语水平词汇与汉字等级大纲》中属于甲级词汇。由于二者的语义存在交叉部分，因此汉语学习者容易混淆、误用。例如：

（1）一片牛肉干
（2）一块牛肉干
（3）一片西瓜
（4）一块西瓜

上述例句中的"片"与"块"可以互换，意思差别不大。

我们来看一下《现代汉语词典》（第7版）对量词"片"与"块"的解释：

片：（a）用于成片的东西，如"几片面包"；（b）用于地面或水面等，如"一片草地"；（c）用于景色、气象、声音、语言、心意等（数词限用"一"），如"一片新气象"。

块：（a）用于块状或某些片状的东西，如"两块香皂"；（b）在口语中，用于银币或纸币，等于"元"。

从其解释看，二者都可用于"片状的东西"，语义似乎差别不大，但在实际使用中，二者的语义具有明显的差异。

一、"片"与"块"的语义差异

石毓智（2001）曾将"片"与"块"归为三维形状量词，并假设"X、Y、Z"分别代表三个维度，认为："假定 X 和 Y 的值接近，当函数 Z/X 或者 Z/Y 的值接近 1 时，有关的物体用'块'量度。假定 X 和 Y 的值接近，当函数 Z/X 或者 Z/Y 的值接近 0 时，有关的物体用'片'量度。"石文的观察是有道理的。我们将上述内容可以简单概括为：同等条件下，"片"具有 [＋薄] 的语义特征；"块"具有 [＋厚] 的语义特征。当然，"厚"和"薄"是一对相对的概念，它们的值没有确定的范围，但总的来说还是有一个大致的取值范围。

如果我们想全面弄清楚"片"与"块"的差异，还需对二者所计量的事物类别进行了解，只有这样才能通过现象找到事物的本质。

二、"片"所计量的事物类别

可用"片"计量的事物主要有以下几类：

（一）外形轻薄、扁或平，面积或体积较小的实物

例如：

（5）一<u>片</u>树叶

（6）一<u>片</u>面包

（7）一<u>片</u>花瓣

（8）一<u>片</u>雪花

上述物体都具有扁平、面积小等特点，类似的事物还有"鱼鳞、刀片、菜叶、肉、药"等。

（二）面积或体积较大、范围较广的自然界事物

例如：

（9）一<u>片</u>大海

（10）一<u>片</u>天空

（11）一<u>片</u>沙漠

（12）一<u>片</u>树林

（13）一<u>片</u>沙滩

上述事物往往有一种连绵不断的意境，一般来说，数词仅限于"一"。

（三）"片"除了可计量上述具体事物外，还可用来计量抽象事物

例如：

（14）一<u>片</u>祥和的景象

（15）一片赞扬声

（16）一片好心

（17）一片深情

上述例句中的名词都是看不见摸不着的抽象事物。

三、"块"所计量的事物类别

能受"块"计量的事物主要有以下几类：

（一）体积较小、有厚度且厚度较大的方形或类方形物体

例如：

（18）一块豆腐

（19）一块石头

（20）一块蛋糕

用"块"修饰上述物体时，往往强调的是立体的形象。

（二）厚度较小的类方形人造物品

例如：

（21）一块幕布

（22）一块玻璃

（23）一块地板

上述物体虽然厚度不大，但因形状大都接近方形，也用"块"来计量。

（三）货币、游戏币等

例如：

（24）一块钱

（25）一块纪念币

（四）抽象事物

例如：

（26）一<u>块</u>心病

（27）一<u>块</u>记忆

这里的数词一般也仅限于"一"。

通过上面对"片"与"块"所计量对象的详细论述，我们大概可以将两者的语义区分开来。当用"片"计量时，强调的是物体的"面积"及"外形薄"等特点；而选择"块"进行计量时，重点在事物的"体积"及"外形厚、类方形"等特征。在计量抽象事物时，"片"所计量的对象往往具有"连绵不绝、呈片状"的特点，而"块"所计量的抽象事物则具有"立体形、块状"的特点。

可见，虽然"一片面包"和"一块面包"都能说，但是在人们大脑中的特点是不同的。

22."支"和"枝"的用法一样吗？

"支"与"枝"是一对音同、形似的近义量词，两者有时可以互换，基本不影响语义。例如：

（1）一<u>支</u>枪／一<u>枝</u>枪

（2）一<u>支</u>铅笔／一<u>枝</u>铅笔

通过对二者的考察，我们发现"支"与"枝"在本义与语义演变过程上都存在相似之处。

先来看"枝"，"木别生条也"（《说文解字·木部》）。"枝"，本义是"树枝"，后引申用作量词，可用于计量植物、杆状物、分支、队伍等。但随着语义的不断发展演化，"枝"在现代汉语中的计量对象愈来愈专化，即专门用于计量植物、花草等杆状物，或者由木材制成的杆状物等。例如：

（3）一<u>枝</u>玫瑰

（4）一枝柳条

（5）一枝红杏

（6）一枝铅笔

上例中，（3）～（5）中的名词都属于植物，（6）中的铅笔往往是细长的木制品，因此可用"枝"来计量。可见，量词"枝"目前的用法是来自其本义——树枝枝条。

再来看"支"，"支"是一个会意字，"去竹之枝也。从手持半竹"（《说文解字·支部》）。本义为劈下的竹枝，引申泛指枝条。"支"用作量词时，可以称量"树枝、花、草、藤"等枝条类植物，如"一支柳、一支玫瑰"等。后来，"支"又发展成为具有"分支"义的量词，称量范畴主要包括"四肢、江河、军队、药剂、歌曲、小调"等。例如：

（7）一支江

（8）一支队伍

（9）一支歌曲

（10）一支小调

（11）一支舞

上例中"支"都不能换为"枝"。那么，为什么上述例句中看似不同的事物都可以用"支"来计量呢？这是因为"支"的"分支"义来自树枝与树枝的分支处，在隐喻机制的作用下，量词"支"可用于特定集合里的某个分支事物，如"江"一般流经区域为细长型，且会有很多分支和交叉处，因此可以用"支"来计量。"一支江"和"一条江"在人脑中的意象就是完全不同的，"一支江"体现的是众多分支中的一个，但是"一条江"则表现的是"江"的形态。同样，"一支军队、一支队伍"也好比是在一棵树上的许多树枝一样，只是"军队、队伍"这个集合中的某一支。"歌曲、小调"也是如此，如果我们把所有的歌曲、调子看成是一个集合，那么从中挑出某一个来，就成了"一支曲子、一支小调"，因为它所代表的只是其中的一个分支、一个分类。

除了用于"分支"的事物，"支"还可用于计量"细长形的物体"例如：

（12）一支唢呐

（13）一支钢笔

（14）一支药

（15）一支防晒霜

上述例句又可分为两种情况，一是物体本身就是细长条形，如"唢呐"和"钢笔"；另一种是事物本身没有固定形状，如"药"与"防晒霜"，但是因为我们把这些物体放入了细长形的外包装里，使得它的形状变成了长条状，所以得以用"支"来计量。需要说明的是，这种计量是通过转喻的方式来实现的。

综上，不难发现，在现代汉语中，量词"支"与"枝"的分工是比较明确，即与植物有关的细长条形事物用"枝"来计量，表示某个集体中的一个分支或者其他细长条物体用"支"计量。

值得一提的是，《现代汉语词典》从第5版以后，在"量词，用于杆状的东西"这一用法上，由旧版的以"枝"为推荐词形，改为以"支"为推荐词形。这样的改变，是有其道理的。

23."一幢楼"和"一栋楼"一样吗？

国内通常采用"幢"和"栋"对建筑物进行标注，如"五幢、三栋"等。在对外汉语教学中，"幢"与"栋"也是一对高频出现的近义词，经常被留学生混用，甚至连中国人也容易将二者混淆。我们先看一下《现代汉语词典》（第7版）对二者的解释：

栋：房屋一座叫一栋。

幢：房屋一座叫一幢。

从《现代汉语词典》的解释看，二者语义完全相同。这显然不符合语言的经济性原则与择一性原则。实际上，二者在语义、单位大小、语体与地域上都有不同程度的差异。具体区别如下：

一、语义差异

"幢"的本义是古代仪仗中的一种旗帜,这些旗帜通常规范统一,因此"幢"后来引申为量词时,语义上也注重建筑外在的整齐规范性。例如:

(1)一幢高楼大厦

(2)一幢自建房

(3)一幢办公大楼

通过上例可以发现,"幢"用作量词时,所计量的一般是占地面积较广、在一定范围不可分割、有相同功能或者外观可能有不同层次和结构的建筑,这些建筑通常具备整齐规范的特点,一般都具有某种专门的用途。因此,我们把"幢"的语义特点归纳为计量"整齐、高大、一般具有特殊用途"的建筑。

再来看一下"栋"的语义,"栋"本义为屋的正梁,即屋顶最高处的水平木梁。潘康燕(2016)认为,"栋"涉及称量"房屋"义项的指义应该是以房屋结构中的主梁为单位的,也就是称量"单体的、质量较高的、有完整的独立构架结构"的建筑。例如:

(4)一栋五层住宅

(5)一栋单元楼

(6)一栋居民楼

上例中的"住宅、单元楼、居民楼"都是单个的独立建筑,这些建筑一般都是用于居住的。可见,"栋"适用于整体建筑群中的某一个相对独立的建筑或者散立建筑群中的某一号建筑。因此,我们将"栋"的语义特点归纳为计量"单个、完整、多用于居住"的建筑。

二、单位大小

"幢"和"栋"除了在语义上有差别外,二者自身计量单位的大小也有所不同。一般来说,"幢"特指较宽的高层建筑物,包含的范围是一整排,比如"一幢楼"指的是整个的大楼,是包含了这座楼的所有整体。例如:

(7)我们小区总共有五幢,每幢有三个单元。

例（7）中，一幢指的就是一排连在一起的建筑。

而"栋"通常指单列的建筑物，包含的范围是一竖列，有时是"幢"的其中一部分，比如"一栋楼"指的就是这一单列楼房。

综上，从单位大小来看，"幢"的范围要大于"栋"。

三、语体因素

从语体角度来看，二者也有比较明显的区别。具体来说，"幢"多用于书面语体，"栋"则常见于口语语体。例如：

（8）一幢幢高楼大厦拔地而起。

（9）你家住几栋啊？

例（8）是书面语，例（9）则是日常聊天儿时常听到的句子，如果将两句中的量词互换，听上去明显有些不自然。可见，"幢"多见于书面语体，而"栋"的口语色彩更浓。

四、方言（地域）因素

除了上述三类区别外，"幢"与"栋"在不同的方言区也有明显的使用差异。邬立帆、胡云晚（2021）通过调查发现，在闽语、江淮官话区，"栋"与"幢"尚处于平衡竞争状态中，但"栋"的优势已然显现；在湘语、赣语、粤语、西南官话、北方官话等方言区，"栋"处于优势地位；而绍兴、舟山、台州、湖州、上海、杭州等吴语区城市使用"幢"的频率则是"栋"的十倍以上。可见，吴语区对"幢"的使用偏好明显高于"栋"；而在湘方言、赣方言、客家话、晋方言及北方官话区，八成以上城市使用"栋"的偏好明显高于"幢"。

24. 量词"件"的计量对象是什么？

量词"件"在日常生活和学习中使用频率颇高，而且在《汉语水平词汇与汉字等级大纲》中属于甲级词汇，足以见其在量词中的重要地位。那么，到底哪些名词可以用"件"来计量呢？

我们先来看一下《现代汉语词典》(第7版)对量词"件"的解释：用于个体事物，如"一件事、三件公文"等。这一解释是比较模糊、宽泛的，没有明确具体的计量对象。我们再来了解一下"件"的本义。件，"分也，从人，从牛，牛大物故可分"(《说文解字·人部》)。因此，"件"的本义为"分解、分开"，"件"作为计量单位的量词用法就是来源于其"分解"的本义。

在现代汉语中，能被"件"所计量的事物主要有以下几类：

一、服装类

"件"较常用于修饰衣服类名词。例如：

（1）到了夏季怎么能少了一<u>件</u>好看的条纹衬衫？

（2）他跟朋友借了三十块钱买了一<u>件</u>军大衣。

（3）一<u>件</u>牛仔外套穿上三五年不是问题。

不难发现，上例中被"件"计量的"衬衫、军大衣、外套"都是服装类名词，而且主要是上衣类，裤子或裙子等下衣往往需要用"条"来计量。

二、个体物品类

"件"还可以用来计量一部分个体物品。例如：

（4）一个家只能留三<u>件</u>家具，你会选哪三件？

（5）南澳一号一共出水三万余<u>件</u>文物。

（6）每<u>件</u>作品都很有意蕴，每<u>件</u>作品都可细品。

（7）每名头等舱乘客可随身携带两<u>件</u>行李。

这些物品大都是类名，强调物品的整体性。如果将上例中的"三件家具、三万余件文物"等中的类名换为具体名词则无法成立。例如：

（8）*一个家只能留三<u>件</u>椅子，你会选哪三件？

（9）*南澳一号一共出水三万余<u>件</u>国画。

三、文书类

这里的文书类指的是"公文、信函"等物品。例如：

（10）一<u>件</u>公文的页码应当是连续和统一的。

（11）此帖全本二十九<u>件</u>信函，一千多草字。

需要说明的是，此类名词中若自身已含有"件"字，则不能再用"件"来计量，如我们一般不说"一件文件"。

四、抽象事物类

"件"也常用于计量抽象的事物，其中最常见的就是"事、事情"，也可用于"案件"等。例如：

（12）千万次说教，不如做好身边每一<u>件</u>小事。

（13）娱乐圈又添一<u>件</u>喜事。

（14）一个细节让一<u>件</u>旧案"峰回路转"。

上例中的"小事、喜事、旧案"都是比较抽象的事物。

综上可见，"件"作为量词使用时，更强调所计量事物的整体性、独立性与可计数性的特点，一般多用于计量"上衣、整体物品、信函"等事物，也常用于计量抽象的"事情"。

需要说明的是，"件"除了可以作为个体量词使用外，还可以作为集合量词来使用，如"一件饮料、一件啤酒"等。这里的"件"就是集合量词，通常指"十二或二十四"瓶。

25. "一盘菜"与"一道菜"一样吗？

在饭店就餐时，我们经常会听到下面的句子：

（1）这<u>盘</u>菜味道不错！

（2）这<u>道</u>菜味道不错！

两句话确实都可以说,意思也比较相似。这就给我们一种错觉:"盘"与"道"在计量菜肴类事物时,可以互换,没什么区别。实际上,二者还是有比较明显的差异的,如果不加以区分,留学生就很难对二者进行正确使用。

一、量词"盘"的用法

(一)"盘"作为量词,可用于计量形状或功能像盘子的东西

例如:

(3)一<u>盘</u>磨

(4)一<u>盘</u>土炕

(二)"盘"也可用于回旋盘绕的物品

例如:

(5)一<u>盘</u>花炮

(6)一<u>盘</u>蚊香

(7)一<u>盘</u>电线

(三)"盘"还可用于棋类、球类等比赛

例如:

(8)一<u>盘</u>象棋

(9)一<u>盘</u>乒乓球赛

(10)一<u>盘</u>围棋

二、量词"道"的用法

"道"可用于计量多种事物,例如:

(11)一<u>道</u>山

(12)一<u>道</u>门

(13)一<u>道</u>关

（14）一<u>道</u>菜

上述例句中看似无关的名词都可用"道"来计量，这并非任意为之，而是有一定的认知理据。这从"道"的本义可见一斑。"道"，本义为"道路"，是名词，用作量词时最初主要用于计量"山、水、墙"等事物，这些事物因此也就成了"道"所计量的原型成员，这些原型成员都具有类似的特征，如"都是长条形、都具有阻断的功能"等。随后，"道"在这些原型语义特征上进行扩展，很多具有长条形或阻碍功能的物体都可受其计量，例如：

（15）一<u>道</u>眉毛

（16）一<u>道</u>光

（17）一<u>道</u>坎儿

（18）一<u>道</u>难关

上述例句中的"眉毛、光"为长条形事物，"坎儿"与"难关"则是具有阻碍作用的事物。此时，"道"与本义的联系还比较密切。随着"道"的计量范围继续扩展、功能持续扩张，一些边缘线性的事物也可以受"道"所计量。例如：

（19）一<u>道</u>题

（20）一<u>道</u>公文

（21）一<u>道</u>菜

（22）一<u>道</u>工序

（23）一<u>道</u>命令

宗守云（2008）指出，对这些看似与本义无关的边缘成员稍加分析，还是能够看到"道"的原型范畴的影子。如"一道菜"和"一盘菜"明显不同，"一道菜"重在次序，与时间有关；而"一盘菜"则着重于结果，与空间有关。"一道菜"一定是做的菜或上的菜，如果只是静态地摆着似乎不能算是"一道菜"。"一道菜"一定是和时间有关系的，时间是有一定长度的，这便和"长条状"有了关系。宗文的看法很有见地，的确，这里的"道"类似于"层、次"的含义。比如，"今天一共五道菜"，这里表示的不仅是有五个菜，而且是有先后顺序上的五道菜，也可能包括"汤"。清朝袁枚就曾在其《随园食单》上对上菜程序做过如下论述："上菜之法，咸者宜先，淡者宜后，浓者宜先，薄者宜后，无汤者宜先，有汤者宜后。度客食饱则脾困矣，需用辛辣以振动之；虑客酒多则胃疲矣，需用酸甘以提醒之。"袁枚的这段话，恰好总结了中餐宴会上"道"的程序。一直至今，中餐宴会上菜还保留着类似的顺序，一般来说，第一道是凉菜，第二道是主菜，第三道是热菜，第四道是汤菜，第五道是甜品，最后上水果。可见，上例（19）~（23）中的量词"道"都是用于计量"分次序、分项"或者"分程序"的事物。

此外，"一道菜"与"一盘菜"所指的范围大小也有差异，"道"的范围要大于"盘"。具体来说，一道菜不一定是一盘，也可以由很多盘组成；而一盘菜只能是"一个盘子所容纳的菜"，不管这个盘子有多大。

26. "一门课"与"一节课"一样吗？

"门"与"节"都可用于计量"课"，如下列两句都是正确的句子。

（1）这学期有五门课。

（2）今天上午有三节课。

在教学过程中，我们发现留学生对"门"与"节"的使用错误率非常高，容易将二者混淆。下面我们将对二者分别进行阐释。

一、量词"门"

在日常生活中，"门"是一个高频使用的量词。在对外汉语教学中，也是留学生学习的痛点和教师教学的难点。例如，我们经常会听到留学生说出这样的句子：

（3）*下个学期我有四个课。

（4）*他会说三个外语。

作为母语者，我们知道上例中的量词都应换为"门"，上述现象是留学生担心量词使用错误而采取的回避策略，这也侧面说明留学生对量词"门"的掌握熟练程度不够，所以不敢使用。

"门"的本义是"两扇门",泛指所有建筑物的入口,后引申为量词。现代汉语中,能受"门"计量的往往是抽象名词,主要有以下几类:

(一)学科、技术类

例如:

(5)"舍"是一门哲学,也是一种智慧。

(6)说话真的是一门艺术。

(7)浇水也是一门技术。

(二)课程、语言类

例如:

(8)钟南山、李兰娟等十二位院士共授一门选修课,是什么体验?

(9)真正聪明的孩子,这三门功课通常很优秀。

(10)儿童通常比成人更容易学会一门新语言。

(11)赵元任不仅会说中国三十三种方言,还精通七门外语。

上述例(5)~(11)选择量词"门"并非是约定俗成,而是有认知理据的。我们知道,"门"原指房屋的出入口,其特点是独体为户,即一门为一户,因此在此基础上,"门"就引申出了"派别、类别"的意思。"学科、课程、语言、技术"等都在某一领域里有不同的类别,因此可以受量词"门"所计量,而且这些大都是可以通过教育与训练而获得的某种知识和技能,如上例中的"选修课、外语"等都是要通过学习训练才能获得的知识。

从认知角度看,"门"的这种用法与容器隐喻有关,"门"本指建筑物的入口,我们可将建筑物看成是一个容器,同样,我们也可以将"学科、课程、语言、技术"等抽象事物看作一个个具体的容器,因此我们有了"学习入门"的说法,"门"自然也就可用于计量这些事物。

此外,"门"还可用于修饰"生意、心思、大炮、家族"等。例如:

(12)大家都想做上一门生意,自己做老板。

(13)分手也要官宣一下,他动的是哪门子心思?

（14）中国厦门胡里山炮台矗立着一门大炮。

同理，我们也可将"生意、心思"等看作是一个容器，因此也可用"门"来计量。

二、量词"节"

"节"的本义为"竹节"，引申为量词时，也还保留着原本的语义特征，这使得其在计量事物时，往往会选取那些与本义语义特征相契合的对象，这也就是邵敬敏等学者所说的双向选择。

现代汉语中，能受量词"节"计量的对象主要有两大类：

（一）属于空间范畴，指在外形上具有某种分节特征的事物

例如：

（15）一等高铁座位每节车厢一般有十三排，每排有四个座位。

（16）三节普通的5号电池能用多久？

（17）糯米搭配一节莲藕，教你好吃的新做法。

（18）你知道鸡腿有几节吗？

（19）过年的时候吃上一节甘蔗，寓意"一年从头甜到尾"。

（20）这一节诗，暗合了云水禅心的意境。

上例中的"车厢、电池、莲藕、鸡腿、甘蔗、诗"在外形上都具有明显的"分节"特点，因此都可以受量词"节"所计量，类似的事物还有"手指、竹子、骨头、铁轨、树枝"等。

（二）属于时间范畴，指在时间上有规律性、间隔停顿的抽象事物

例如：

（21）这节课令我耳目一新，受益匪浅。

（22）辽宁竟然从第一节比赛就领先了广厦两位数。

（23）一年有二十四节气。

上例中的"课、比赛"等抽象事物一般都是人为对其进行相对统一的时间切分后的产物，如"一节课"一般为"四十到四十五分钟"，"一节篮球比赛"通

常是"十到十二分钟"。这些抽象事物在使用时常常以多个个体组合排列的形式出现。

通过上面的分析我们发现，虽然"一门课"与"一节课"都可以说，但是量词"门"与"节"的内涵有很大区别，"门"往往强调的是"分门别类"，一门课与另一门课有本质的不同，如"我们这学期有五门课"指的就是"我们这学期有五种内容不同的课程"；而"节"在计量"课"时强调的是时间上的切分，"一节课"是指的一个固定的时间段，一般是四十五分钟左右，而且一节课与另一节课之间往往会有一定的休息时间。弄明白这些原因后，相信留学生在使用二者时，错误率会大大降低。

27. "一幅画"还是"一副画"？

"幅"和"副"是一对外形相似的量词，在使用中经常容易被混淆，我们来看一下下面两个从留学生作业中选取的句子：

（1）*我昨天画了一副画。
（2）*你明天能陪我去买一幅眼镜吗？

作为母语者，我们知道上述两例中的量词需要互换一下才是正确的表达。但是作为二语学习者，还是很难避免犯上述错误。那么，"幅"与"副"在使用时究竟有什么区别呢？我们可以从以下几个方面进行区分：

一、读音差异

"幅"与"副"都是形声字，虽然二者声旁相同，读音接近，但是声调有明显的差异，例如："幅"读"fú"，二声（阳平）；"副"读"fù"，四声（去声）。

二、形旁不同

我们知道，形声字一般由"表音的声旁"和"表义的形旁"两部分构成。声旁是形声字结构中表示读音的部分；形旁则是汉字对事物进行归类的表义的字符,即表义的部分。稍加观察,我们就会发现"幅"与"副"的形旁有明显的区别:"幅"的形旁是"巾",不难看出,该形旁的意义与巾帛、布匹等有关。"副"的形旁是"刂","刂"同"刀",用作部首,简称"立刀",是用来"切、割、斩、削、砍"的工具。

可见,二者形旁所表示的意义有较大的差异,而这些差异也直接决定着它们所计量的名词的类别与范围。

三、意义有别

《现代汉语词典》(第7版)对量词"幅"的解释是:幅(儿),用于布帛、呢绒、图画等,如"一幅画、用两幅布做一个床单儿"等。"幅"的本义为布帛的宽度,后泛指地面或书画面的广狭。用作量词时,"幅"一般用于计量布料、丝织品,也用来表示图画、纸张等有一定面积的东西,是一个个体量词。例如:

(3)一幅油画

(4)一幅布匹

(5)一幅壮锦

"副"的本义为"剖开、剖分",其词性为动词。"副"作为量词使用时,一般用于计量成套、成组的物品。能被"副"计量的对象较为丰富,主要有以下几类:

(一)成对的事物

(6)一副手套

(7)一副对联

(8)一副墨镜

上例中的名词都是由"一对互相配合的物体构成的整体",如"手套"是两只搭配使用,"对联"分为上联与下联等。其实,这与其本义"剖开"是密切相关的,因为物体被剖开后就成了两个单独但又互相配合的个体。

（二）成套的事物

（9）一<u>副</u>麻将

（10）一<u>副</u>扑克

此时，"副"强调的是整体的配合性。如例（10）中的扑克有五十四张，只有五十四张扑克配合使用时，游戏才能得以进行。

（三）抽象的事物

（11）一<u>副</u>表情

（12）一<u>副</u>架势

（13）一<u>副</u>打扮

（14）一<u>副</u>嘴脸

"副"还可用于计量抽象的事物，此时，其意义也是强调整体的配合性。如例（11）中的"表情"的形成也是由五官、神经等相互配合才能展现出来的，也是一个统一的整体。

从以上几个方面我们可以推知，我们应该说"一幅画"而非"一副画"。

28. "一本书"与"一册书"有什么不同？

"本"和"册"在对外汉语教学中使用频率颇高，尤其前者是留学生最早学习到的几个量词之一。那么，"一本书"与"一册书"有什么不同呢？下面我们分别进行说明。

一、量词"本"

"本"的本义为"树根"，"木下曰本"（《说文解字·木部》）。后引申为事物的"根本、基础"，并在此语义基础上发展为量词。据刘世儒（1965）考察，"本"最初用作量词时，大都用于计量草木、植物，直到魏晋南北朝时期，"本"才比

较广泛地用于计量书籍。这种用法一直持续到现在。在现代汉语中,"本"可以用来计量如下事物:

(一)书籍

这里的书籍所指比较宽泛,包括小说、书、画册、笔记本、词典等。例如:

(1)一本专著

(2)一本《新华字典》

(3)一本连环画

(二)花木

"本"有时还可用来计量花木,多用于诗词、文言文中。例如:

(4)牡丹五本

(三)一定长度的影片

在电影制作专业术语中,"本"还可以用于计量小段影片。例如:

(5)这部电影是十五本。

那么,"本"究竟是如何从表示"树根"的名词衍化为量词的呢?刘世儒(1965)通过语料考察后指出,计量植物的"本"是由其本义引申出来的,而计量书籍的"本"则是间接地由"本源"义引申出的。我们同意刘文的观点,实际上,在"本"之前,"书"的计量单位是"册",用"本"计量书,可追溯到魏晋时期。此外,从认知上看,本义为"树根"的名词"本"通过引申衍变为"本源"义,并在此基础上引申出了计量"书"的量词用法,是转喻机制在起作用。我们知道,转喻是指当甲事物与乙事物有密切关系时,可以利用这种关系,用乙事物来取代甲事物。由于转喻是用一个概念来指代另一个相关的概念,因此源概念要显著。语义为"本源"的名词"本"与用来计量纸质书籍的量词"本"具有密切的关系,毕竟制造书籍的原料就是树木,正是这种相关性使"本"发生语义迁移,从而实现了功能上的转化,最终发展为一个量词。

二、量词"册"

"册"是一个象形字,本义为"书简"。现代汉语中计量书的量词"册"就是从这一本义引申而来。春秋战国至魏晋南北朝时期,由于当时造纸术尚未出现,人们只好把文字写在狭长的竹片或者木片上,竹片称作"简",木片称作"扎"或者"牍"。这种竹片或木片,后来都称为"简",一片"简"容量较小,通常只能写几十个汉字,若要记载一件事,往往需要很多片"简"。因此,为了阅读、查找方便,人们便用熟牛皮条或绳子把这些"简"按次序穿编起来,这种连起来的竹简就是"册"。所以从字形上看,"册"字很像几片竹简用绳子穿在一起的样子。后来,书写的材料逐渐用纸张代替,但印出的文章装订成书仍沿用了"册"这个名称,现在的"册"已经衍变成了一个量词。例如:

(6)我们今天学习《新概念英语》第一册。

(7)《曾国藩家书》一共有三册。

三、量词"本"与"册"的区别

如果排除其他语义因素,单从"本"与"册"的量词词性来看,两者区别并不大。"本"可以用来表示一册书,"册"也可以用于表示一本书。例如:

(8)人手一本

(9)人手一册

上例中的"本"与"册"就可以互换,意思无太大区别。

但是,若从词源角度来看,二者还是有一定区别的,主要体现在以下两个方面:

其一,"本"是由引申义"本源"引申为"旧本、版本、抄本",再衍变为计量书籍的量词的;而"册"是由本义直接引申为量词的,甲骨文中"册"的本义就是指用皮绳穿起来的竹简。

其二,量词"本"只是用来计量,没有"顺序"或者"次第"的概念。例如:

(10)我们这学期发了十本书。

（11）这套书有三册，我只看了上册。

上例中，"本"与"册"不能互换，这是因为"本"只能用于计量，如"三本书、五本小说"等；而量词"册"则有一套丛书不同内容的排序本的含义，这与"册"的本义"按次序穿编的竹简"密切相关，如例（11）中的"这套书"就有"上、中、下"三册，而且是按固定的顺序排列，"本"无此含义。再如，我们还有"分册"的说法，此时的册也含有顺序义，不能说成"分本"。

可见，量词"本"与"册"在语义内涵上还是有区别的。

29. "砍一截木头"还是"砍一节木头"？

量词"节"与"截"发音相同、语义相近，给学习者造成了很大的困扰。那么，"节"与"截"到底有何不同？我们一般说"砍一截木头"还是"砍一节木头"呢？

一、量词"节"

从本义看，"节"的本义为"竹节"，是名词，泛指植物枝干上相连接的部位，后引申为两段物体之间相结合的地方，并由此引申出量词义。"节"作为量词时主要用于计量以下事物：

（一）长条形分段的物体

例如：

（1）一节甘蔗

（2）两节电池

（3）三节车厢

（二）教学时数和文章的段落

例如：

（4）一<u>节</u>课

（5）第一章第二<u>节</u>

从上例不难发现，"节"的本义"竹节"一般是分布比较均匀的长条状物体，因此，"节"作为量词所计量的物体或事物一般也具有类似的特点。如在例（1）～（3）中，"甘蔗、电池、车厢"等都是长条状物体，且个体单位长度差别不大，比较均匀。当然"节"的这一特点不仅适用于具体的物体，也可以通过隐喻的方式用于抽象的事物。如在例（4）中，"课"是我们在教学中比较常用的词汇，一般来说，学校会将一天或一周的时间均匀地分配成若干时间段，我们将每一个时间段称为"一节课"，大概在四十到四十五分钟。可见，"节"在计量"课"时同样具有"分布均匀"的特点。而且，因为时间是线性的，从某种程度上说，也具有"长条形"的特点。

总之，量词"节"是在其本义"竹节"的基础上引申为量词义，所计量的物体大多是自然形成的，如"竹子、手指、骨骼"等。因此，我们可以把"节"的语义特点描述为［＋自然形成；＋长条形；＋分布均匀；＋分段］。

二、量词"截"

"截"的本义是"断"，原本为动词，后引申为从长条状物体上切割下来的部分。因此，"截"和"断"总是密切相关。作为量词使用时，"截"主要用于计量以下事物：

（一）某些被人为截断的细长形物体

例如：

（6）地上有一<u>截</u>烟头。

（7）勺子掉在地上断成了两<u>截</u>。

（8）砍一<u>截</u>棍子。

（二）抽象的事物（一般指差距）

例如：

（9）我的水平比他差一大<u>截</u>。

（10）我比你高一<u>截</u>呢。

此外，"截"还有"半截（儿）"的习惯用法，而"节"没有此用法。例如：

（11）不要说<u>半截（儿）</u>话。

（12）我刚吃了<u>半截</u>雪糕。

与"节"大多计量"自然形成的一段物体"不同，"截"作为量词使用时，其所计量的一般是人为切割的一段物体，有时也用于计量水平、技术等抽象事物的差距。如例（6）中的"烟头"是人为造成的"一段物体"，例（8）中的"棍子"是人为切割的"一段物体"，而例（9）则是人为进行比较后的"一段差距"。此外，"截"所计量的物体并非"分布均匀"，而是"无规律、长短不一"的，这与"节"的"分布均匀"特点也有很大的不同。如例（7）中，"勺子断成了两截"中的"两截断勺子"一般有长有短、无任何规律可言，刚好断成两个一样长度的可能性更是微乎其微。而且，根据我们对实际语料的观察，"截"所计量的多为"蜡烛、木头、烟头"等长度较为短小的事物，且强调"物体的非完整性"。因此，我们将"截"的语义特点归纳为［＋人为造成；＋长短不一；＋非完整性］。

通过上面对"节"与"截"的比较分析，不难发现，应该是"砍一截木头"而非"砍一节木头"，因为这里的"一截木头"具有"人为造成、长短不一、非完整性"等特点，这与"截"的语义特征是非常吻合的。

30. "一家银行"还是"一所银行"？

"家"和"所"是一对常用的处所量词，二者都可用于计量某些机构、单位等，有时还可以互换。例如：

（1）前面有一<u>家</u>幼儿园。

（2）前面有一<u>所</u>幼儿园。

（3）市里准备新建三<u>家</u>医院。

（4）市里准备新建三<u>所</u>医院。

上例中，"幼儿园"和"医院"既可以用"家"计量，也可以用"所"计量。因此，留学生在使用时经常将二者等同，出现了不少错误。《现代汉语词典》（第7版）对二者的解释是：

家：用来计量家庭或企事业单位等，如"一家人家、三家商店"等。

所：（a）用于房屋，如"这所房子"等；（b）用于学校，如"两所学校"等。

上述解释并未对二者的计量对象做出明显的区分，但实际上，大多数情况下二者所计量的对象有着明确的分工。例如：

（5）我的哥哥开了一<u>家</u>公司。

　　*我的哥哥开了一<u>所</u>公司。

（6）她考上了一<u>所</u>名牌大学。

　　*她考上了一<u>家</u>名牌大学。

上述两例中的"家"与"所"就不能互换。那么，二者作为量词使用时究竟有什么区别呢？

一、量词"家"

"家"的本义是人们居住的场所，后引申为量词。现代汉语中，"家"的计量对象主要为以下三类：

（一）家庭

例如：

（7）我们都是一<u>家</u>人。

（8）每年春节要去几<u>家</u>亲戚家拜年。

（二）以营利为目的的企业、公司等

例如：

（9）明天我去一<u>家</u>公司面试。

（10）这<u>家</u>商场里的东西非常便宜。

（11）学校对面有一<u>家</u>银行。

不难发现，上例中的"公司、商场、银行"都有一个共同的特点，即主要是从事经济活动的以营利为目的的企业、公司等。此外，常见的还有"一家饭店、一家宾馆、一家商店、一家工厂"等。

（三）学术流派

例如：

（12）一家之言，姑妄听之。

（13）百花齐放，百家争鸣。

二、量词"所"

"所"的本义为"地方"，后引申为"位置、地位"。"所"的计量对象与"家"有所不同。主要有以下两类：

（一）处所、建筑

例如：

（14）听说你在北京有一所四合院。

（15）他住在郊区的一所公寓里。

（二）非营利性的企业、事业单位等

例如：

（16）我家附近有三所小学。

（17）他在一所监狱工作。

与"家"不同的是，"所"计量的对象一般为非营利性的机构。另外，还需要注意的是，"所"的计量对象一般在数量上都不止一个房间，如上例中的"小学、监狱"都是由很多房子或建筑构成的。

可见，量词"家"与"所"的计量对象是有区别的。首先，量词"家"强调的是内部成员或者经营方式，而"所"则凸显的是建筑物或整体形象。当两者都用于计量"企业、事业单位"时，一般"以商业盈利为目的"的选择"家"，而

"不是以商业盈利为目的"的选择"所"。所以，我们应该说"一家银行"而非"一所银行"，毕竟"银行"不是慈善机构，也是以盈利为目的单位。此外，在教学中，我们也可以有意识的向学生介绍一些与二者有关的文化知识，让学生可以更加全面、深刻地理解词汇意义背后所蕴含的文化背景，从而提高他们的汉语知识水平和实际运用能力。如在解释量词"家"时，可以告知学生它是一个会意字。上面是"宀"（mián），表示与房屋有关；下面是"豕"（shǐ，即"猪"）。古代生产力低下，人们多在房子里养猪，所以屋里有猪就成了人家的标志。而且，"屋里有猪"也就意味着家里有财富，这也是"家"用作量词时所计量的对象总是与商业活动有关的原因。

31. "把书翻到第5页"还是"把书翻到第5张"？

"页"与"张"作为量词使用时，二者的相同点在于都能用于计量体积或面积较小、可卷可舒的长或方形平薄物，如"一页纸、一张纸"等。那么，这是不是意味着二者的意思相同，使用时可以互换呢？要回答这个问题，我们先来看一下两部常用词典对"页"与"张"作为量词义项的解释。

《现代汉语词典》（第7版）对二者的解释是：

页：旧时指单面印刷的书本中的一张纸，现在一般指两面印刷的书本中一张纸的一面，但作为印刷术语时仍指一张。

张：（a）用于纸、皮子等，如"一张纸、两张画、十张皮子"等；（b）用于床、桌子等，如"一张床"等；（c）用于嘴、脸，如"两张嘴"等；（d）用于弓，如"一张弓"等。

《现代汉语量词用法词典》的解释为：

页：旧指单面印刷书本中的一张纸，现一般指两面印刷书本中一张纸的一面，但作印刷术语时仍叫一张纸。

张：（a）计量可以卷起或能够展开的某些东西；（b）计量人或动物的脸面；（c）计量某些有平面的物体；（d）计量某些可以张开和闭拢的东西；（e）计量某

些农具;(f)计量某些乐器。

不难发现,两部词典对于"页"的解释基本相同,但对"张"的解释差异较大,应该说《现代汉语量词用法词典》的解释更为合理且更有针对性。

下面我们从三个方面举例说明二者在使用时的区别。

一、计量范围不同

在用于印刷品时,"张"所表示的范围要比"页"大,"一张"一般指的是一张纸的正反面,也就是"两页"。而"一页"往往是一张纸上的一面。这在两部词典对"页"的解释中也有体现。例如:

(1)这本书我昨天看到第 100 页了。

(2)*这本书我昨天看到第 100 张了。

例(2)中的"张"显然使用不当,此时只能使用"页",指的是"一面"。

此外,当二者用于纸质物品时,强调的重点不同。"张"的重点在于计数,而"页"更凸显物品的内容。例如,我们一般说"给我一张白纸",但不常说"给我一页白纸",就是因为"页"的语义强调的是"有内容的纸",用在此处不太合适。

二、本义不同

"页"的本义是人的头部。"页,头也。"(《说文解字·页部》)与"首"同源,后来假借"葉"表示纸面,又引申为计量书本纸张数量的词,可与数词构成数量短语,所计量的名词一般是两面印刷的书本、报纸、杂志、纸稿等。

"张"的本义是将弦系在弓上,具有动态性,因"弓"具有可拉伸性,故慢慢发展为计量可张卷事物的单位,如"一张地图、一张席子"等。

三、适用对象不同

"页"计量的对象主要局限于纸张、(电子)印刷品。例如:

(3)一页杂志

(4)一页报纸

（5）一页 PPT

但是"张"除了可计量上述事物之外，还可以计量以下物品。

（一）具有平面性、可延展、可拉伸、可收合等特点，且具有某种功能的物品

例如：

（6）一张渔网

（7）一张弓

（二）具有平面特征的面部器官

例如：

（8）一张笑脸

（9）一张大嘴

（三）具有平面特征、体型较大的家具

例如：

（10）一张床

（11）一张茶几

（12）一张桌子

可见，"张"的计量对象的数量与类别要远远多于"页"。

通过以上几个方面的对比，我们大致可以明白"页"与"张"作为量词的区别了。显然，"把书翻到第五页"才是正确的句子。

32. "一块石头"与"一块钱"中的"块"有联系吗?

《现代汉语词典》(第7版)中"块"作为量词有两个义项:用于块状或某些片状的东西,如"两块香皂、三块手表"等;用于银币或纸币,等于"元"。

那么,"一块石头"与"一块钱"中的量词"块"有没有联系呢?

要弄清楚这个问题,我们要先看一下"块"的本义。据《说文解字》,"块"的本义为"土块",是会意字。作为量词使用时,"块"最初用于称量"土壤",后来则发展为可广泛适用于"块状"之物。例如:

(1) 一块石头

(2) 一块豆腐

(3) 一块猪肉

(4) 一块面包

石毓智(2001)曾指出,"块"是一个三维空间的形状量词,假如物体的三维分别用"X、Y、Z"来表示,那么假定"X"和"Y"的值接近,当函数"Z/X"或者"Z/Y"的值接近"1"时,相关的物体可用"块"来计量。石文的看法是有一定道理的,如上例(1)~(4)中的事物一般都具有"块状"或近似于"块状"立体空间结构的特点,与"块"的本义联系也比较密切。认知语言学认为,事物的范畴有"原型"与"边缘"之分,原型是范畴内最典型的成员,具有最大的家族相似性。而边缘成员则具有较少的家族相似性,是非典型成员。石毓智(2001)公式算出的是"长、宽、高"比例相差不大的"原型块状物体",但是随着"高度"数值变小,"块状"也可能会变为"扁平状",实际上,这也是"块状"的其中一种形式,只不过是边缘形式而已。

惠红军(2011)指出,一些呈二维空间的"片状"物体,由于从平面视角看也大致呈"方块"形状,因此量词"块"也可用于计量一些"片状"的物体,这些"片状"的物体就是非原型的"块状"。例如:

（5）一<u>块</u>木板

（6）一<u>块</u>黑板

（7）一<u>块</u>玻璃

（8）一<u>块</u>地板

（9）一<u>块</u>广告牌

（10）一<u>块</u>金牌

当"高度"缩小到一定程度时，"块状"就会变成"平面状"。例如：

（11）一<u>块</u>布

（12）一<u>块</u>纸

（13）一<u>块</u>皮革

上述名词虽然在形状上有所差别，但至少还在同一个认知域内，但是下列例句则跨域映射到另一个认知域。例如：

（14）这是他的一<u>块</u>心病。

（15）心中始终存在抹不去的一<u>块</u>阴影。

例（14）～（15）中的"块"计量的是抽象的事物，这种用法是量词"块"从"空间域"隐喻而来的结果，即我们通过隐喻机制把"心病、阴影"等抽象事物看作是一个个块状的实体，因此也可用"块"来计量。

那么，"一块钱"中的"块"到底是怎么产生的呢？据孟繁杰、李焱（2014）的考察，"块"用于计量"钱"始见于清代，如"一块银圆"。它的产生既与清末的社会、经济背景密切相关，也和"钱"自身的外形相关。我们知道，彼时的"钱"不同于现在的"纸币"，通常为银或铜铸造的硬币，"银圆"也是三维空间里类似块状的物体，占有一定体积，因此可用"块"来计量也就不足为奇了。而且这种用法也一直延续下来，如今不管硬币还是纸币都可以用"块"来计量。

可见，"一块石头"与"一块钱"中的"块"表面上看似乎没有太大联系，实际上内部有相似的认知理据与历史原因。

33. "一丝、一线、一缕"有何差别?

"丝、缕、线"作为量词使用时,语义比较接近,有时还可以互换。因此,留学生掌握起来有较大难度。《现代汉语词典》(第7版)对三者的解释分别为:

丝:表示长度、质量或重量的单位;表示极少或极小的量,如"一丝风也没有"等。

线:用于抽象事物,数词限用"一",表示极少,如"一线希望"等。

缕:用于细长而软的东西,如"一缕头发、一缕炊烟"等。

不难看出,三者在使用时有各自比较明确的计量对象。下面分别进行说明。

一、量词"丝"

"丝"的本义为"蚕丝"。我们知道,蚕丝的特点是外形非常纤细,因此"丝"用作量词时常常用于计量外形细长的事物。例如:

(1)一丝白发

(2)一丝缝隙

(3)一丝皱纹

上述例句中的"白发、缝隙、皱纹"都具有细长的外形。

"丝"在细长形特征的基础上又引申出了"量极少"的语义特点,此义项主要用于抽象名词。常见的有以下几类:

(一)"感觉"类名词

这里的"感觉"类名词包括视觉、听觉、味觉、嗅觉、触觉等。例如:

(4)看到一丝亮光

(5)看到一丝光线

(6)听到一丝声响

(7)听到一丝喘息

（8）尝到一丝甜头

（9）吃到一丝辣味

（10）闻到一丝香味

（11）闻到一丝异味

（12）感到一丝冰冷

（13）觉得一丝温暖

上例中，(4)~(5)为视觉，(6)~(7)是听觉，(8)~(9)属于味觉，(10)~(11)为嗅觉，最后两例则为触觉，这些词语经常与"丝"搭配使用，表示"量极少"。

（二）"心理"类名词

"心理"类名词也经常与"丝"搭配使用，表示"量少、不易察觉"的含义。例如：

（14）一丝惊讶

（15）一丝痛苦

（16）一丝同情

（17）一丝遗憾

类似的"心理"类名词还有"好感、忧伤、悲哀、阴郁、贪念、希望"等。

除上述两类名词外，"丝"还可用于计量以下事物。例如：

（18）一丝力气

（19）一丝苦笑

（20）一丝线索

上述名词与"丝"搭配使用时表达的同样是物体量极小或极少的含义。

综上可见，量词"丝"除了可以计量少数"细长形"的具体名词外，还可以并且主要用于计量抽象名词，且此时"丝"不能换为"线"或"缕"，数词也仅限于"一"。"丝"与抽象事物搭配时表示极少或极小的量，量少的事物易于消失，倾向于否定，因此，"丝"也常用于否定的语言环境中。此外，"丝"还往往带有一种夸张的色彩，有故意夸大的修辞效果。总之，量词"丝"在计量具体名词时，名词需具有"细长"的特点；计量抽象名词时，则表示的是"量极少"的语义特征。

二、量词"线"

"线"的本义为"用棉麻丝毛等材料拈成的细缕"。用作量词时，"线"可用于计量"细长的事物"，但与"丝"表示的"细长、柔软"的语义不同，"线"所计量的事物有宽广、坚硬的意味。例如：

（21）这就是著名景点"一线天"。

（22）从这里可以看到山谷里的一线小溪。

上述例句中的"线"都不能换为"丝"，因为"丝"所表示的宽度要比"线"小得多。但是能受"线"计量的具体名词极少，只有少数几个固定搭配。

"线"从其"细长"的外形特征又引申出了"少量"的语义，该义项主要用于计量部分抽象名词。例如：

（23）一线希望

（24）一线光明

（25）一线生机

（26）一线转机

观察上例，不难发现，与"线"搭配的都是一些表示积极义或者褒义的名词，贬义的名词一般很少用"一线"修饰。究其原因，可能与我们的认知有关。因为"线"在人们印象中"长"的特征比较显著，"长"就意味着有转机或者有希望，自然也就有了积极义的倾向。

而且，上述例句中"线"都可以换成"丝"。从计量对象的范围来看，"丝"的范围要远大于"线"，"丝"既可以计量褒义抽象名词，也可计量贬义抽象名称。而且"线"前的数词仅限于"一"，"丝"却无此限制。

可见，除少数固定搭配外，能用"线"计量的事物都可以用"丝"来计量，反之则不然。

三、量词"缕"

"缕"的本义为"丝线或麻线"，引申为量词时，"缕"可以用来修饰"细、长、可弯曲"的具体事物。例如：

（27）一缕头发

（28）一缕胡须

（29）一缕丝带

"缕"的本义是"线"，在此基础上又延伸出虚无缥缈、若有若无的语义特点，因此它又可以与下列事物搭配。例如：

（30）一缕香气

（31）一缕阳光

（32）一缕清风

"缕"也可以用来计量表示情感的抽象名词。例如：

（33）一缕哀愁

（34）一缕曙光

（35）一缕思念

"缕"与上例中的名词搭配，表达一种虚无缥缈的感觉。

总的来说，"缕"可计量纤细可弯曲的事物，语义上有虚无缥缈之感，且与"丝、线"相比，"缕"在量上要更大一些，更像是"丝"或者"线"的少量集合。

通过上面对"丝、线、缕"的分析说明，我们基本可以分辨三者在语义上的差异，以及各自在计量对象上的偏好与互补。

34. 为什么"椅子"和"伞"的量词都可以用"把"？

现代汉语中，量词"把"既可以修饰椅子，也可以修饰雨伞。为什么两个看起来关系不大的事物都可以用"把"来计量呢？

我们先来看一下"把"的本义。"把，握也。从手，巴声。"（《说文解字·手部》）"把"是形声字，本义为"执，握持"，后引申为量词。现代汉语中，"把"作为量词使用时，既可计量个体事物，也可计量集体事物。下面我们分开进行解释：

一、个体量词"把"

《现代汉语八百词》将个体量词"把"分为两类：一是用于有柄或类似把手的器物；二是用于能手等。我们来看一下个体量词"把"的具体用法。

（一）用于计量"有把手或手柄的生活用品"

例如：

（1）一把钥匙

（2）一把扇子

（3）一把雨伞

（4）一把牙刷

（5）一把椅子

不难发现，上述受量词"把"修饰的名词都具有一个共同的特点，即这些物品都有"把手或者手柄"，我们可以通过"把手或手柄"拿起、移动或使用这些物品。可见，"把"作为个体量词使用时与其本义"握持"有很大的关联。

（二）用于计量"有把手或手柄的工具"。

例如：

（6）一把斧子

（7）一把刀子

（8）一把锯子

（9）一把锄头

（10）一把刷子

（11）一把尺子

（12）一把锁

这些工具都有"把手或手柄"，因此也用"把"来计量，常见的还有"扫帚、铁锹、剪刀、锯子、钳子"等。

（三）用于计量有"把手或手柄的乐器"

例如：

（13）一把小提琴

（14）一把吉他

（15）一把尤克里里

（16）一把二胡

二、集合量词"把"

"把"作为集合量词使用时也与其本义密切相关，用于计量"可用一只手抓起来的若干物品的集合"。因此，这些物品往往体积较小，有些甚至是粉末状的。例如：

（17）一把糖果

（18）一把米

（19）一把花生

（20）一把盐

（21）一把沙子

（22）一把灰

上述名词都是体积较小的物体，不便单个计数，因此用"一只手能抓起来的量"对其数目进行计量，可见其数目不是固定的，只表示一个大概。

还有一些长条形的物体，也可以用"把"来计量。例如：

（23）一把韭菜

（24）一把面条儿

（25）一把筷子

（26）一把钞票

（27）一把香蕉

上述物体都是"长条形的"，且都可以用手将其环绕抓起，因此也可用集合量词"把"来计量。

此外，一部分液体或者抽象事物也能用集合量词"把"计量。例如：

（28）一把泪水

（29）一把鼻涕

（30）一把汗

（31）加一把劲儿

（32）一把年纪

宗守云（2010）认为，量词对名词性成分的选择是个范畴化过程。集合量词"把"的语义基础是"用于可以一只手抓持起来的事物的集合"，符合这些条件的名词性成分处在范畴的中心。集合量词"把"对名词性成分的引申选择主要表现为：由对表固体物名词性成分的选择引申到对表流体物名词性成分的选择，由对表具体物名词性成分的选择引申到对表抽象物名词性成分的选择。我们赞成宗文的观点，量词"把"确实是以本义为基础，通过隐喻与转喻引申出量词用法，即由原本的动作域引申到名词性范畴和事物量范畴。

那么，为什么"椅子"和"伞"都可以用"把"来计量呢？显然是二者都有"把手或者手柄"的缘故。

35. "一滴水、一粒米、一颗牙"中的量词可以互换吗？

"滴、粒、颗"三个量词都可以修饰小而圆的物体，它们有时可以互换，意义无明显区别。例如：

（1）一颗葡萄/一粒葡萄

（2）一颗花生/一粒花生

（3）一滴汗珠/一颗汗珠

上述各例中的两种表达方式都能成立，且意思基本相同。但实际上，大多数情况下，这三个量词有各自常用的搭配对象。下面我们分别进行说明。

先来看"滴"。"滴"本义为"水滴"，作为量词使用时，多用于计量"水滴状"的液体。例如：

（4）一滴油

（5）几滴雨

（6）三滴水

（7）一滴汗

上例中的"油、雨、水、汗"都是"水滴状"的物体。

再来看一下"粒"。"粒"的本义是"米粒"，后引申为量词，用来计量"粒状"的物体。例如：

（8）一粒瓜子

（9）几粒米饭

（10）两粒种子

最后是"颗"。"颗"的本义为"小头"，用作量词时，可修饰"小而圆"的物体。例如：

（11）一颗糖

（12）一颗桂圆

（13）一颗葡萄

"颗"也可用于计量圆形的天体，如"一颗星星、一颗太阳、一颗行星"等。

为方便阅读，我们将三者的语义特征和常用搭配列表，如下：

表35-1 "滴、粒、颗"语义特征与常用搭配表

	本义	语义特征	常用搭配
滴	水珠	[＋水滴状；＋圆形；＋体积较小；＋液体]	液体类：水、鲜血、眼泪、酒、口水、汗珠等
粒	米	[＋颗粒状；＋圆形；＋体积小；＋固体]	1. 谷物类：花生、种子等
			2. 水果类：葡萄、樱桃等
			3. 进球：头球、点球等
			4. 极小的物体：尘埃、沙子等

续表

本义	语义特征	常用搭配
颗　小头	[＋颗粒状；＋圆形；±体积小；＋固体]	1. 谷物类：花生、种子等 2. 水果类：葡萄、草莓等 3. 人体器官：牙齿、心、眼珠等 4. 弹药类：炸弹、导弹、子弹等 5. 天体类：行星、太阳、星星等

从上表不难看出，"滴、粒、颗"三个量词的语义特征有共同之处，但也有明显的差别，共同之处为：三者都能计量"小而圆"的物体。区别是："滴"只能用于液体，"粒"与"颗"一般只用于固体；而且"粒"只用于体形较小的物体，"颗"还可用于"体积较大"的物体。具体如下：

一、只能使用量词"滴"的情况

除了"颗"有时可用于计量"汗珠、露珠"外，其他"水滴状"的液体只能用"滴"来计量，不能用"颗"与"粒"。

二、只能使用量词"粒"的情况

一是修饰体积微小的事物时，只能用"粒"，如"一粒尘埃、一粒沙"等；二是与足球相关的进球只能用"粒"，如"一粒进球、一粒点球"等。

三、只能使用量词"颗"的情况

一是用于天体时，只能用"颗"，不用"滴"与"粒"，如"一颗太阳、一颗卫星"等；二是用于武器弹药时，也只能用"颗"计量，如"一颗导弹、一颗手榴弹、一颗原子弹"等。

可见，"一滴水、一粒米、一颗牙"中的量词虽有时可以互换，但多数情况下，这些量词都有彼此不同的分工。

36. "一条路、一条毛巾、一条烟"为什么都可以用"条"来计量?

为什么"路、毛巾、烟"都可以用"条"来计量呢?要回答这个问题,我们先看一下《现代汉语词典》(第7版)对于量词"条"的解释:

条:(a)用于细长的东西,如"一条线、两条腿、三条鱼"等。(b)用于以固定数量合成的某些长条形的东西,如"一条香烟、一条肥皂"等。(c)用于分项的,如"一条新闻、三条办法"等。

可见,量词"条"在现代汉语中使用频率非常高,适用范围也极为广泛。既可用于人,也可用于物体;既可用于动物,也可用于植物;既可用于具体事物,也可用于抽象事物。那么,能被量词"条"计量的事物,基本都具有什么样的语义特征呢?

我们再来看一下"条"的本义。"条,小枝也。"(《说文解字·木部》)"小枝",即细长的枝条。枝条一般具有"细、长、可弯曲"等特点。因此,能被量词"条"修饰的名词一般都具有[+细;+长;+可弯曲]的语义特征。具体有以下几类:

一、生活用品类

例如:

(1)一条毛巾

(2)一条皮带

(3)一条裤子

(4)一条绳子

除上述例句外,"一条项链、一条领带、一条围巾"等也比较常用。

二、动物类

例如：

（5）一条蛇

（6）一条蚯蚓

（7）一条鱼

（8）一条狗

（9）一条虫

三、植物、水果类

例如：

（10）一条树枝

（11）一条树根

（12）一条黄瓜

四、身体器官类

例如：

（13）一条腿

（14）一条眉毛

（15）一条胳膊

（16）一条肋骨

五、自然事物及道路类

例如：

（17）一条河

（18）一条瀑布

（19）一条马路

（20）一条隧道

上述五类名词基本都具有［＋细；＋长；＋可弯曲］的语义特征。此外，一些没有明显的"可弯曲"特点，但属于"由固定数量组合成一个整体的长条形物体"也可用"条"来计量，如"一条香烟、一条肥皂、一条毛巾"等。

一些正面形象或特色鲜明的人物也可用量词"条"来计量，如"一条汉子、一条英雄好汉、一条光棍"等。因为"好汉"等给人的感觉是顶天立地的"长条"形象，"光棍"则是赤条条的"长条"形象。但普通"人"不能用"条"计量，没有"一条人"的说法。

"条"还可用于计量某些"抽象事物"，如与人体有关的"一条生命、一条心"等；与文字信息有关的"一条短信、一条消息、一条新闻、一条规定、一条法律"等。

需要注意的是，"生命、心"与例（1）～（20）中的名词不同。例（1）～（20）中名词的"长条形"特点是可见的，是空间上的；而"生命"是时间上的，指从出生到结束这样一个"长条形"的时间集合；"一条心"则是把很多人的"心"连在一起，呈"长条形"。

此外，由于文字是线性排列的，一条短信就是一个"长条形"的信息，因此，消息、新闻、规定、法律等也都可用"条"来计量。

所以，"路、毛巾、烟"具有［＋细；＋长；＋可弯曲］或者"由固定数量组合成一个整体的长条形物体"的语义特点，因此都可以用"条"来计量。

37. "根"与"条"有什么区别？

"根"与"条"是一对近义量词。《现代汉语八百词》对"根"与"条"的解释是：

根：量词，用于条形物，可儿化。如"一根竹竿、一根木头、一根柱子"等。

条：量词，用于长条形的东西。如"一条街、一条河、一条板凳"等。

由此可见，"根"与"条"都可以用来修饰条状物品，有时可以互换。例如：

（1）一根绳子 / 一条绳子

（2）一根黄瓜 / 一条黄瓜

（3）一根棍子 / 一条棍子

虽然二者都可用来计量长条形物体，但是它们的用法也有明显的区别，下列例句中的"根"与"条"就无法互换。例如：

（4）一根火柴

（5）一根香烟

（6）一根玉米

（7）一根铁棒

（8）一条裤子

（9）一条河

（10）一条毛巾

（11）一条被单

例（4）~（7）中的"根"都不能换成"条"，同样（8）~（11）中的"条"也无法换成"根"。观察上例，我们似乎可以发现这样的规律，即"根"往往用于计量"长条形且质地较硬的物品"，而"条"一般计量"长条形、质地较软且可弯曲的物品"。不可否认，这是区分二者的一个倾向性规律。那么，该规律是否具有对内一致性、对外排他性呢？例如：

（12）一根头发

（13）一根柳条

（14）一根稻草

上述例子中的名词都是质地相对柔软的物品，但也都能受"根"修饰。可见，"是否柔软"并非区分"根"与"条"的绝对标准。通过观察，我们或许可以这样来解释，即"根"一般能修饰圆柱形的事物。例如：

（15）一根电线杆

（16）一根琴弦

（17）一根筷子

（18）一根手指

上述事物的外形一般呈圆柱形或者类圆柱形，都能受"根"修饰。可见，[＋圆柱形]这一语义特征也是区分"根"与"条"的标准之一。

相应地，一些宽、扁外形的事物则不能被"根"修饰。例如：

（19）*一根毛巾

（20）*一根裤子

但是这种解释又无法说明为什么"*一根蛇、*一根虫子"之类的表达不能成立。那么，我们是否可以尝试补充一条标准对二者进行进一步区分呢？我们注意到，能用"根"计量的物体，大都有一个共同的特点，即其内部结构是同质的。换言之，这些物体一般是由同一种物质组成的。例如：

（21）一根钢管

（22）一根木头

（23）一根头发

（24）一根香肠

上例中的事物内部都是同质的，例如"钢管"的成分就是"钢"，一般不含其他成分，而且头尾和前后也显得没那么重要。"木头、头发、香肠"都是如此。

同样，能用"条"计量的物体，也基本都有一个共同的特点，即其内部结构是异质的。异质指的是物体内部一般由不同的结构组成。例如：

（25）一条鱼

（26）一条胳膊

（27）一条裤子

（28）一条蚯蚓

上述物体内部一般是层次分明、有一定的结构。例如，"鱼"由鱼头、鱼身、鱼尾等部分组成，"裤子"由裤头、裤腿等组成。而且，有生命的物体一般只能用"条"来计量，因为其内部结构是异质的。

可见，既然无法用一个标准将"根"与"条"区分开，我们可以再补充一些标准，这样就可以比较全面地区分二者。

38. 交通工具量词"辆、架、列、艘、路、次"的适用范围是什么？

交通工具量词与留学生的日常生活息息相关，是比较常用的一组量词，在使用时也容易混淆。常见的交通工具量词有"辆、架、列、艘、路、次"等，下面我们分别来谈一下这些量词各自的适用范围。

一、"辆"与"架"的适用范围

"辆"是一个形声字，本义为"车"，从车，两声。古代的车大都是两个轮子，故车"一乘"即为"一两"，后写作"辆"。现代汉语中，量词"辆"主要用来计量有轮子的陆地交通工具。例如：

（1）一<u>辆</u>卡车

（2）一<u>辆</u>轿车

（3）一<u>辆</u>自行车

（4）一<u>辆</u>摩托车

上例中，"卡车、轿车、自行车、摩托车"都是有轮子的陆上交通工具，因此都可用"辆"来计量。飞机虽然也有轮子，但因其不是在陆地上使用的交通工具，故不能用"辆"计量。

"架"的本义为"搭设、支撑"，从木，加声，后引申为"架子"。"架"作为量词使用时，主要用来计量有支柱或支架的物体。例如：

（5）一<u>架</u>飞机

（6）一<u>架</u>战斗机

（7）一<u>架</u>钢琴

作为交通工具量词使用时，"架"主要用于计量"飞机"，这是因为最初的飞机像风筝一样，都有一个支撑的架子，故用其来计量。

二、"列"与"艘"的适用范围

量词"列"多用于成行、成队的东西或者人，常计量由小的单位排列连接而成行的事物。作为交通工具量词使用时，"列"主要用于火车等。例如：

（8）一列火车

上例中的"火车"是由若干节车厢连接而成的事物，所以可以用"列"来计量。

"艘"是形声字，本义为船的总称，后用作量词，表示船只数量。例如：

（9）一艘小船

（10）一艘货轮

（11）一艘军舰

（12）一艘宇宙飞船

需要说明的是，例（12）中的宇宙飞船虽不是航行在水中，但在隐喻机制的作用下，我们可将宇宙看成一个无边无际的大海，自然宇宙飞船也可用"艘"来计量。

三、"路"与"次"的适用范围

"路"的本义是道路，后引申为途径、门路、规律、道理的意思。"路"作为量词使用时，主要用于计量在某个特定城市或地区中，按照固定路线和站点行驶的公共交通工具。例如：

（13）8路公共汽车

（14）3路电车

量词"路"一般用于固定区域内（通常是某一城市内）的陆地公共交通工具，跨区域的长途汽车、班车等一般不能用"路"，常需要用"班"来计量。

"次"也可用来计量交通工具，但与"路"不同的是，"次"往往是指按时间先后顺序行驶的车辆，这里的"次"有"先后次序"的含义。例如：

（15）K386次列车

（16）N51次动车

（17）CA937次航班

上例实际上分别指的是"第386次列车、第51次动车、第937次航班"的意思。与"路"通常计量市内公共交通工具不同，"次"多用于"飞机、火车、长途客车"等活动范围较广的交通工具。二者在适用范围上有互补的作用。

综上可见，"辆、架、列、艘、路、次"虽同为交通工具量词，但在意义与适用范围上有着比较清晰的界限。

39. "这种人"与"这类人"一样吗？

量词"种"和"类"语义比较接近，且都可以修饰具体名词和抽象名词。例如：

（1）有三种朋友不能交。

（2）有三类朋友不能交。

（3）我无法欣赏这种艺术。

（4）我无法欣赏这类艺术。

上述例句中的"种"和"类"可以互换，基本不影响语义。那么，这是不是就意味着两者完全相同呢？答案显然是否定的。

我们来看一下《现代汉语词典》(第7版) 对"种"和"类"的解释：

种：量词，表示种类，用于人和任何事物。如"两种人、三种布"等。

类：量词，用于性质或特征相同或相似的事物。如"分成几类、两类性质的问题"等。

不难发现，上述解释很难将二者区分开来。

《现代汉语八百词》中未收录对"类"的解释，对"种"的解释则比《现代汉语词典》详细一些。

种：作为集合量词时，用于内部一致而对外有区别的一组事物。如"一种动物、一种商品、三种机器"等。作为个体量词时，基本意义同"个"，但较强调与同类事物有所区别。多用于抽象事物。如"一种现象、两种思想、三种看法"等。

实际上，二者在语义、句法、语用等方面都存在一定的差别。

一、语义区别

"种"的本义为"植物的种子"，后虚化为表示事物的种类。量词"种"在语义上倾向于把所计量的事物视为一个整体，而不在乎其是否可切分，因此"种"既可以做集合量词，又可以做个体量词。例如：

（5）这种人不要理他。

（6）遇到这种事情真是倒霉。

（7）解决这个问题只有一种办法。

（8）这道题有五种解法。

上例中，(5)～(6)中的"种"是集合量词，可用"类"替换；(7)～(8)中的"种"则是个体量词，可用"个"来代替。

"类"最早用作量词是专指"犬"的种类，后来逐渐扩大范围，也可用来计量其他事物。与"种"不同，"类"所计量的事物一般要能从内部切分，所以"类"不能用于计量个体事物。例如：

（9）这类电动车将被严管。

（10）这类思想要不得。

显然，"这类电动车、这类思想"与"这种电动车、这种思想"意思是不同的，前者表达的是一些类似的电动车和思想的集合，而后者表达的是其中某一种。

可见，"种"既可做集合量词也可做个体量词，但使用频率有差异，"种"多数情形下做集合量词，用于对内一致而对外有别的一组事物；做个体量词时，强调与同类事物有所区别，且多用于抽象事物。而"类"则只能做集合量词。

二、句法功能差异

从句法功能看，"种"可以重叠，重叠后的"种种"表示活动的数量、种类繁多。例如：

（11）种种迹象表明，这件事不简单。

（12）他每天承受着种种质疑。

上例中的"种种迹象、种种质疑"就是"很多种迹象、很多质疑"的意思。

但是"类"不能重叠，"*类类思想、*类类人"等都无法成立。

三、语用差异

"种"与"类"的语用差异主要表现在褒贬义上，具体来说，"种"多倾向于用作贬义。例如：

（13）我最讨厌这种人。

（14）我希望这种事情不要再发生。

而"类"表示事物的种类，通常是与表示客观描述的事物进行搭配，本身无所谓褒贬色彩，一般表示中性。例如：

（15）这类人值得我们尊敬。

（16）我不想与这类人为伍。

上例中，"这类人"本身没有褒贬色彩，只是客观的陈述。

可见，对人进行主观评判、有贬义倾向时常用"种"来计量，而对事物进行客观描述时则通常用量词"类"。

四、搭配对象

"种"与"类"在搭配对象上有各自的倾向性，主要体现在以下两个方面。

（一）"种"的搭配对象多为抽象名词，"类"的搭配对象多为具体名词

"种"与抽象名词的搭配度更高，使用范围更广，数量也更多。量词"种"主要与"教育、活动、现象、存在、手段、方式"等抽象名词进行搭配，例如：

（17）这种现象很常见。

（18）两种方式都行。

"类"既可以与具体名词搭配，也可与抽象名词搭配，但多用于计量具体名词。例如：

（19）这类水果很好吃。

（20）三类花最容易养。

与"类"搭配的事物则倾向于"物品、动植物、人"等方面相关的名词。

（二）二者与指示代词的搭配不同

二者与指示代词搭配时，也有明显的偏好。具体来说，"种"经常与指示代词"这、那"搭配。例如：

（21）这种面包好吃，那种面包不好吃。

而"类"大多与代词"此、该"搭配。例如：

（22）下次不要再出现此类现象。

（23）该类问题还没有解决。

综上可见，"这种人"与"这类人"虽然都可以说，但是"种"和"类"在语义、句法、语用等方面是有差别的。

40. "一双筷子、一对情侣"中的量词可以互换吗？

"双"和"对"在语义上比较相似，都是集合量词，而且都表示"两个"的含义。例如：

（1）一双腿/一双手/一双筷子/一双手套

（2）一对情侣/一对手镯/一对耳环/一对夫妇

那么，例（1）与例（2）中的"双"与"对"是否可以互换呢？

为了弄清楚这个问题，我们来分别看一下二者的语义与搭配对象。

一、"对"的语义特点与搭配对象

"对"的本义为"回答"，既然是回答问题，就需要提问者与回答者配合才能完成，所以后来"对"就引申出了"两个相互独立且相对的个体"的含义。"对"

用作量词时，可用于计量"性别、左右、正反等相配合的人和物"。主要包括以下几类：

（一）计量"性别相对成双的人或物"

例如：

（3）一对夫妻

（4）一对情侣

（5）一对恋人

此外，符合"互相配合"的条件，性别并非相对的人也可用"对"来计量。例如：

（6）一对小姐妹

（7）一对父子

（8）一对搭档

（9）一对好兄弟

可见，两个互相帮助、互相配合的人也可以成为"对"的计量对象。

（二）计量"人身上某些对称的器官"

例如：

（10）一对小酒窝

（11）一对虎牙

一般是后天生长的、互相对称的人体器官才用"对"来计量。

（三）计量"两个一对的配饰"

例如：

（12）一对耳环

（13）一对手镯

（14）一对名表

不难发现，这些配饰大都是人为配对的饰品，与它们搭配的动词一般为

"戴",比如"戴耳环、戴手镯"等。而且,这些配饰也可以单独计量,如"一只耳环、一只手镯、一块名表"等,只不过耳朵、手的数量恰好都是两个,所以人们对这些物品进行配对时也是成双成对的。

(四)计量"正反相对的抽象名词"

例如:

(15)一对概念

(16)一对范畴

这些抽象名词表示的大都是两个相对或相近的事物之间的关系,如"概念、范畴、反义词"等。

由上可见,"数量为二、互相搭配、相互独立、人为配对"是量词"对"的主要语义特征。

二、"双"的语义特点与搭配对象

《现代汉语词典》(第7版)对量词"双"的解释为:用于成对的东西,如"一双鞋、一双手"等。《现代汉语量词用法词典》的解释是:计量成对的东西,如人或动物的肢体和器官,及穿戴在肢体上的东西;成对使用,可以单数的器物,多指筷子。

可见,单从两部代表性词典的释义无法区别"双"与"对"的用法。实际上,"双"是一个会意字,本义为"两只鸟"。其最初为名词,后引申为量词。用于计量的事物多与人或动物的成对的肢体、器官有关,也可计量穿在肢体、器官上成对的服饰、鞋袜等。与"对"强调两个事物的"互相搭配、人为配对"不同,"双"所修饰的名词以"天然成对"的为主。"双"的计量对象主要有两类:

(一)计量"人或动物的成对的器官或肢体"

例如:

(17)一双眼睛

（18）一双手

（19）一双腿

（20）一双翅膀

上述名词都是人或者动物的某个肢体或器官，它们都是天然成双成对的。

（二）计量"穿戴的服饰、鞋袜"

例如：

（21）一双手套

（22）一双袜子

（23）一双鞋

由于这些物品的使用主体本身就是成双成对的，相应的服饰与鞋袜自然也不例外。此外，还有一些天然成双的物品，如"一双筷子、一双船桨"等也是常见的固定搭配。

总之，"对"修饰的成分可以有阴阳、雌雄的不同，多指人为地"配对"，以人的观念为主导。而"双"修饰的成分一般只是在左右上存在差异，比如"一双眼睛、一双袜子、一双手"等，在内容上、组成上通常没有差异性，多指自然形成的、本来就有的性质。

但是，为什么能说"一双儿女"，也可以说"一对儿女"呢？其实，"一双儿女"与"一对儿女"只是有相似性而已，内涵是有区别的。"一对儿女"强调的是"对"的修饰成分之间的差异性，即"男女有别"；而"双"强调的是其修饰成分之间的一致性，即他们有共同的父母。

41. "一群人"与"一伙人"一样吗？

"一群人"与"一伙人"都可以用来表示很多人在一起的集合，那么，二者在语义上是否有区别呢？

《现代汉语词典》（第7版）对二者的解释是：

群：用于成群的人或东西，如"一群孩子、一群马"等。

伙：量词，用于人群，如"分成两伙"等。

《现代汉语八百词》未收录量词"伙"，对"群"的解释为：量词，用于聚集在一起的人、动物和某些东西。

从《现代汉语词典》与《现代汉语八百词》的解释不难看出两者在搭配范围上存在一定的差异，除此之外，"群"与"伙"在感情色彩、凸显内容等方面也有诸多不同。下面分而述之。

一、搭配范围差异

"群"的本义是"羊群"，泛指同类相聚，引申表示众多、集体的意思，后也可用于计量人。因此，"群"与"伙"的搭配对象在范围上有大小之分，具体来说，"群"的计量对象范围较广，既可以是人，也可以是动物或事物。例如：

（1）前面来了一群小孩儿。

（2）一群狗在雪地里找食物。

（3）湘西北边陲的群山中有座小县城叫桑植县。

从上例中"群"计量的事物来看，例（1）~（3）分别为"人、动物和事物"，三类都可以与"群"搭配使用，可见其搭配范围之广。

而"伙"一般只能用于计量人。例如：

（4）一伙大汉要坐车，司机死活不让上。

（5）一伙大妈播放着音乐跳广场舞。

（6）一天被同一伙人分两次诈骗。

显而易见，上例中的"大汉、大妈、人"都属于人类。

二、感情色彩差异

在感情色彩的表达上，"群"往往既可以与褒义词搭配，也可与中性或贬义词搭配。例如：

（7）一群好汉正在大口吃肉，大碗喝酒。

（8）我请朋友吃饭，她却带了一群人来。

（9）这群人是周边海域赫赫有名的海盗，是一**群**混蛋。

上例中，例（7）中的"好汉"是褒义词，例（8）中的"人"具有中性色彩，例（9）中的"混蛋"则具有明显的贬义色彩，这些词都可以与"群"搭配使用。

而"伙"在感情色彩上具有明显的倾向性，即常常与贬义词搭配使用。例如：

（10）几个大汉手持单刀，黑巾蒙脸，原来是一**伙**强盗。
（11）一辆长途客车在偏僻山路被一**伙**歹徒拦下。
（12）一**伙**男子寻衅滋事后逃逸，十五小时后落网。

上例中，例（10）～（11）中的"强盗""歹徒"是公认的贬义词，例（12）中的"男子"看似中性，但结合后面的"寻衅滋事"来看，这里显然具有贬义色彩。我们在百度资讯搜集的335条语料中，"伙"后的名词为贬义词的高达330条，可见其与贬义色彩搭配的高度倾向性。

三、凸显对象差异

"群"与"伙"在凸显计量对象的内涵上也存在差异，我们看一组例句：

（13）河马正在河里洗澡，没想到却被一**群**野狗给盯上了。
（14）大野鸭领着一**群**鸭，也游到了岸边。
（15）我相信一个人会走得很快，但一**群**人能走得很远。
（16）警察发现一**伙**骗子，利用封建迷信骗老百姓钱财。
（17）一座五百吨重十八米长的废弃铁桥被一**伙**小偷拆毁后盗走。
（18）他二话不说，上去把这**伙**地痞流氓打得哭爹喊娘。

观察上例不难发现，例（13）～（15）中的量词"群"强调的是"同类"，其后的名词一般是类名；而量词"伙"更凸显计量对象的身份，例（16）～（18）中的"骗子、小偷、地痞流氓"都是一种身份，而且"伙"强调的往往是不合法或者不正当的身份。

综上可见，"一群人"与"一伙人"有着明显的区别，只有弄明白量词"群"和"伙"的不同，才能正确使用二者。

42. "组"与"套"用法一样吗?

"组"与"套"是较为常见的一对近义集合量词。有时它们可以用来计量同一种事物，例如：

（1）"城市心跳"由三<u>组</u>家具作品组成。

（2）我刚买了一<u>套</u>家具。

（3）这<u>组</u>作品的作者画技都不俗。

（4）朋友近日向我推荐了一<u>套</u>作品。

上例中，"家具、作品"都可以被量词"组"与"套"所计量，且意思区别不大。那么，二者在使用时究竟有无区别呢？

《现代汉语词典》（第7版）对量词"组"与"套"的解释是：

组：量词，用于事物的集体，如"两组电池"等。

套：量词，用于成组的事物，如"一套制度"等。

单从这一解释看，很难看出二者的区别。

宗守云（2005）在谈及"组"与"套"的区别时，认为"稳定性和临时性、整体性和松散性、同质性和异质性"是影响二者运用的认知因素。宗文的观察很有见地，我们在其基础上稍做修改补充，认为"组"与"套"的区别主要存在于以下几个方面。

一、组合与配套

从语义上看，"组"的本义是"丝带"，后引申为"结合"义，做量词使用时，用于计量事物的集体；"套"的本义为"套马索"，后引申为量词，用于计量搭配成组的事物。因此，在语义的规约下，"组"倾向于计量"组合而成的事物集合"，而"套"则倾向于计量"配套而成的事物集合"。例如：

（5）有两<u>组</u>学生获得了二等奖。

（6）节目邀请了三<u>组</u>表演嘉宾。

（7）昨天妈妈给她买了一套新衣服。

（8）饭店为每人发了一套吃蟹工具。

显然，上例中，例（5）～（6）中的量词"组"不能换为"套"，因为其所计量的名词是临时组合在一起的人或事物集合，成员之间的关系也较为松散，可以将原分组打乱重新组合，也可以去掉某个组合等；而例（7）～（8）中的"套"也无法换成"组"，因为"一套衣服、一套吃蟹工具"里的内部成员分工各有不同，比如前者可以分为"外套、衬衫、裤子、裙子"等，且每件衣服都对应身体不同部位，有着不同的功用，需要互相配合，才能实现一个完整的功能，去掉其中某个部分就不能称之为一套了。

二、无序与有序

"组"所计量的事物集合内部一般是无序的，每个"组"内部的成员通常是平等的，无上下先后之分；而"套"所计量的事物集合内部是有序的，其内部成员好比一个机器的不同零件，有先后轻重之分，去掉某一环都会使系统不完整。例如：

（9）昨天拍了一组照片。

（10）蹲起动作每组十六次，做三组。

（11）有些部门是两块牌子，一套班子。

（12）这套书分为五册，由易到难。

例（9）～（10）中的"照片"与"动作"是无序的，每张照片或者每组动作并无固定的角色或功能，少一张、少做一组或者更换一张、更换一组影响不大。但是例（11）～（12）中的"班子"与"书"则是有序的，如在一套领导班子中，不同的人有不同的分工，职位也有高低之分，每人各司其职，才能让一套班子正常运转，缺少了某个成员，就缺少了某道程序，会影响到一套班子的正常工作。"一套书"也是如此，它们一般会按"难易程度"或者"写作先后顺序"等进行排列，去掉其中一个或者打乱顺序都会对读者造成较大影响。

三、共性与差异

"组"与"套"在凸显内部成员的特点上也存在区别。前者往往强调事物集合内部成员的共性，忽略差异；而后者则重点凸显事物集合内部成员功能的差异性。例如：

（13）所有人分为两组，男的一组，女的一组。
（14）一组是中国学生，另一组是法国学生。
（15）他和同事合租了一套房子。
（16）朋友送了她一套茶具。

在例（13）~（14）中，分组的标准依据成员的共性，即"所有性别相同"与"所有国别相同"的归为一组，至于成员内部各人的性格、爱好、身高、胖瘦等差异是被忽略的；而例（15）中的"一套房子"则是由"客厅、卧室、卫生间、厨房"等功能不同的房间构成，如果全是卧室或者全是客厅不能称之为一套房子。可见，"套"凸显的是一个整体内部成员功能的差异性。例（16）的"一套茶具"也是如此，不赘。

综上，量词"组"和"套"在"组合与配套、无序与有序、共性与差异"等方面存在着一系列差别。

43. "一行（háng）、一排、一列"一样吗？

"行、排、列"也是一组容易混淆的量词。《现代汉语词典》（第7版）对于它们的解释分别为：

行：量词，用于成行的东西，如"一行字、几行树、两行眼泪"等。

排：量词，用于成行的东西，如"一排子弹、一排椅子、上下两排牙齿"等。

列：量词，用于成行列的事物，如"一列火车"等。

从《现代汉语词典》的解释看，三者都是用于成行的东西，看不出有何区

别。不可否认,"行、排、列"三个量词在语义上具有类似的语义基础,都可用来计量线形排列或摆放的事物。例如:

(1)一<u>行</u>队伍/一<u>排</u>队伍/一<u>列</u>队伍

(2)一<u>行</u>文字/一<u>排</u>文字/一<u>列</u>文字

上述两组例子都可以说。但稍加观察就会发现,在《现代汉语词典》所给的例子中,三个量词大多不能互换。如"一行眼泪"不能说成"一排眼泪"或"一列眼泪";"一排牙齿"不能换成"一行牙齿"或"一列牙齿";"一列火车"也无法换成"一排火车"或"一行火车"等。

可见三者在用法上存在差异,有必要加以区分。

一、排列方向

"排"一般是用来计量横向排列的人或事物;"列"常常用于计量竖向排列的人或事物;而"行"既可用于计量横向,也可用于计量竖向排列的人或事物。例如:

(3)操场上整齐地站着三<u>排</u>战士。

(4)屋后种着两<u>排</u>白杨树。

(5)请大家站成三<u>列</u>。

(6)白纸上写着一<u>行</u>小字。

(7)两<u>行</u>热泪顺着他的脸颊滑落下来。

上例中,例(3)~(4)中的"排"计量的"战士"与"白杨树"都是横向排列的人或事物,例(5)中的"列"指的是纵向的队列,例(6)中的"小字"是横向排列,例(7)中的"热泪"则是纵向的。我们可以将三者的排列方向表述如下:排,[＋横向];列,[＋竖向];行,[±横向]。

二、语义

"排"的本义为"一个挨一个地按次序摆放",据此可以得到两点认识:其一,"排"的动作是人为造成的,因此其所计量的事物一般是人为排列的;其二,"排"所计量的事物往往是整齐有序的。例如:

（8）一<u>排</u>排书架摆满了书。

（9）连长交给他一把枪和几<u>排</u>子弹。

（10）他咧嘴一笑，露出了两<u>排</u>洁白的牙齿。

上例中的"书架"与"子弹"都是人为排列而成的，"牙齿"虽说是自然形成，但是具有"整齐有序"的特点。

"行"的本义是"交叉通行的道路"，"列"的本义为"分解"，二者在用作量词时，一般不具有"人为排列"与"整齐"的特点。

三、计量对象

从三者的计量对象来看，三者也有各自不同的分工。"排"主要计量"人为摆放或者整齐的事物"。例如：

（11）第一<u>排</u>的来宾已经到齐了。

（12）他的面前摆着一<u>排</u>啤酒。

除了上例外，"排"还可用于计量"房屋、键盘、望远镜、纽扣、栅栏、鲜花、汽车"等事物。

"行"虽然没有"排"的计量范围广泛，但也有一些其专属的计量对象，例如：

（13）她挥笔写下四<u>行</u>诗句。

（14）两<u>行</u>脚印

（15）一<u>行</u>雨水

上例中的"行"一般不能用"排"或"列"来替换。

与"排"和"行"不同，"列"所计量的事物一般是纵向排列的，例如：

（16）删除一<u>列</u>表格

（17）一<u>列</u>目录

（18）一<u>列</u>条款

可见，"行、排、列"虽有相同之处，但在计量对象上也存在着明显的区别。

44. "点（儿）"与"些"的用法有何不同？

"点（儿）"与"些"都属于《汉语水平词汇与汉字等级大纲》中的甲级词汇，作为对外汉语教学初级阶段的基本内容，二者的使用频率颇高。由于"点（儿）"与"些"在用法上既有相似之处，又有区别，因此，留学生在学习中极易将两者混淆。下面我们来看一下二者的异同。

一、"点（儿）"与"些"的相似之处

二者用在动词或形容词后，充当动词或形容词的补语时，都是用来"表示程度、数量略微增加或减少"的意思，无明显区别。例如：

（1）你这次送的礼金少了一<u>点儿</u>。
（2）好吃是好吃，就是咸了一<u>些</u>。
（3）你能不能快一<u>些</u>？

上例中的"一点儿"与"一些"可以互换，意思无太大区别，如例（3）就可以说成"你能不能快一点儿？"。

二、"点（儿）"与"些"的区别

"点（儿）"与"些"的区别主要体现在语义、计量对象上。

（一）语义

"点（儿）"在与其他成分进行组合时，往往表达数量少、程度低的含义。例如：

（4）我想喝一<u>点（儿）</u>水。
（5）这<u>点（儿）</u>小事你都做不好。
（6）那<u>点（儿）</u>钱给我都不要。
（7）我比他高一<u>点（儿）</u>。

在计量名词时,"点"通常儿化并与数量词"一"或指示代词搭配,强调量少,如例(4)~(6)。当与形容词进行搭配时,"点(儿)"表达的是"程度低"的含义,如例(7)。

但当用"些"来计量同类事物时,所表示的数量明显比"点(儿)"多,程度也明显比"点(儿)"更高。例如:

(8)给我一些水。

(9)我还有一些事没有做完。

(10)爸爸给了我一些钱。

(11)我比他高一些。

稍做比较,我们就会发现"一些水、一些事、一些钱"显然感觉要比"一点(儿)水、一点(儿)事、一点(儿)钱"在数量上多一些,"高一些"的程度也会比"高一点(儿)"更深。

(二)计量对象

二者计量的对象也存在一些差异。主要有以下几个方面:

1. "点(儿)"一般只计量不可数名词,而"些"无此限制

我们知道,"点(儿)"和"些"都可以用于计量名词性成分,但是"点(儿)"所计量的事物通常是无界的、不可数的,如"一点(儿)水、一点(儿)面包"等。但是"些"所计量的事物一般是有界的、可具体计数的,如"一些人、一些钱、一些苹果"等。此时,"些"所计量的对象都是可数名词,表示的都是复数。而且,不定量词"些"除了可以计量可数名词外,也可以计量不可数名词。此时,"些"的用法与"点(儿)"差不多,只是在所指称的数量上有所差别。如"一点(儿)水、一些水"和"一点(儿)食物、一些食物"等。

2. "点(儿)"多用于计量抽象名词,"些"多用于计量具体名词

"点"(儿)和"些"都能可以用来计量具体的事物,如"一点(儿)酒、一些酒"和"一点(儿)水果、一些水果"等。同时,二者也皆能计量抽象的事物,如"一点(儿)想法、一些想法"和"一点(儿)困惑、一些困惑"等。此时,二者可以互换。但在实际使用中,人们更倾向于用"点(儿)"来计量抽象

名词，用"些"来计量具体名词。王菊阳（2018）随机抽取"点（儿）"和"些"各七百例语料调查，发现近九成语料选择用"点（儿）"计量抽象名词，只有一成多选择了"些"；同时，选择用"些"计量具体名词的有八成左右，而用"些"计量的抽象名词仅占两成。可见，人们更倾向于用"点（儿）"来计量抽象名词，用"些"来计量具体名词。

3. "点（儿）""些"与数词的搭配限制

"点（儿）"和"些"都可以直接与数词进行组合，数词主要为"一"。且此时"一"并非表示明确的数量，语义比较模糊，只是作为一个标记，如"一点（儿）饮料、一些饮料"和"一点（儿）瓜子、一些瓜子"等。但是用于强调时，"点（儿）"还可以与数词"半"搭配，"些"则不行。例如：

（12）我对他没有<u>半点（儿）</u>同情。/*我对他没有半些同情。

（13）你的钱跟我没有<u>半点（儿）</u>关系。/*你的钱跟我没有半些关系。

在（12）~（13）中，"点（儿）"与"半"组合成数量短语用于否定句中，表示数量少到极致，接近于没有。

4. "点（儿）""些"与代词的搭配限制

一般来说，二者都能与指示代词搭配，如"这点（儿）水、这些水"和"那点（儿）牛奶、那些牛奶"等都可以说。需要注意的是疑问代词"哪"、不定代词"某"可与"些"连用，但一般不与"点（儿）"连用，例如：

（14）<u>哪些</u>/*哪点儿水果可以吃？

（15）<u>哪些</u>/*哪点儿建议有用？

（16）<u>某些</u>/*某点儿饮料对身体有害。

（17）<u>某些</u>/*某点儿想法很有道理。

综上可见，"点（儿）"与"些"除了少数用法相似外，在语义、计量对象等方面都有着明显的区别。

第三部分　动量词与时量词

45. "看一遍"与"看一次"有何不同？

"遍"与"次"是日常生活及对外汉语教学中使用频率非常高的一对动量词，在《汉语水平词汇与汉字等级大纲》中都属于甲级词汇。通用词典与《现代汉语》教材中对二者的解释基本相同，且在汉英词典及主流对外汉语教材中的英文翻译一般都是"time"，二者在使用中也经常可以互换。例如：

（1）看一遍 / 看一次
（2）学了三遍 / 学了三次
（3）听过十遍 / 听过十次
（4）告诉你一遍 / 告诉你一次

上述例句中的"遍"与"次"都可用来表示动作的次数，二者在意义上有交叉重合之处。可见，"遍"与"次"在语义上确实难以区分，是留学生量词学习的难点与痛点之一。

要想对二者的用法进行区分，我们认为需要从语义特征、搭配对象与认知方式三方面进行。

一、"遍"与"次"的语义特征

（一）"遍"的语义特征

动量词"遍"的语义特征主要有两个。

一是"遍"的动作行为所涉及的对象多于一个，且"遍"强调计量对象的完整性，即动作所涉及的每一个对象全部包含在内。例如：

（5）这本书我看过一<u>遍</u>。

（6）她把手机里的游戏玩儿了一<u>遍</u>。

上例中动词所关涉的对象"书"与"游戏"都可看作是由若干个体组成，如"书"包括很多内容，"游戏"包含很多环节等，用动量词"遍"强调这些对象全部受到了动词的影响。

二是"遍"着重于动作的完整性，强调动作从开始到结束的整个过程。因此，动词必须是可反复进行的，一般不能是瞬间性动词。例如：

（7）你能再说一<u>遍</u>吗？

（8）把房间打扫一<u>遍</u>。

（9）*她来了一<u>遍</u>。

（10）*我原谅你一<u>遍</u>。

上例中，"说、打扫"是可重复出现的持续动词，与"遍"搭配强调动作过程的完整性；而"来、原谅"是瞬间动词，动作的过程时间非常短，因此不能与"遍"搭配。

（二）"次"的语义特征

"次"的语义特征也有两个。

一是"次"只强调动作的重复性，不考虑任何其他的因素，也没有任何附加意义。例如：

（11）我去了三<u>次</u>杭州。

（12）昨天他哭了三<u>次</u>。

上例中的"次"仅仅用来表示"去"与"哭"动作重复的数量，没有其他附加义。

二是"次"强调的是动作的整体性，即将整个动作看作一个整体，不注重内部的过程。例如：

（13）他的腿去年伤了两<u>次</u>。

（14）失败了二十多<u>次</u>以后，她终于成功了。

上例中，用"次"与动词进行搭配，强调的是"伤、失败"动作的整体性，至于"什么时候受伤、失败，为什么受伤、失败，受伤、失败的过程是怎么样的"这些问题不是重点，"次"只是对整体动作的计量。

二、"遍"与"次"的搭配对象

（一）"遍"的搭配对象

"遍"在语义上强调动作的"过程完整性"，因此能与其搭配的对象一般为持续性动词。例如：

（15）写一<u>遍</u>

（16）唱一<u>遍</u>

（17）跳一<u>遍</u>

上例中的"写、唱、跳"均为持续性动词，类似的还有动词还有"看、听、说、学、问、教、改、做、干、查、骂、打、揍、演、洗、刷、涮、洒、扫、浇、推、剪、吃、喝、尝、夸、喊、摸、抹、弄、要、买、商量、告诉、分析、比较、研究、介绍、表扬、安慰、广播、收拾、打扫、敲、摔、砸、扔、投、跳、踢、插、贴、装、铺、开、关、包、盖、栽、拿、梳、扎、缝、存"等。

是不是所有的持续性动词都能与"遍"搭配呢？据张凯伦（2019）的考察，大多数强持续性动词一般都不能与"遍"搭配，如"等、盼、坐、站、睡、歇、病、哭、笑、恨、忍、闷、管、躲、避、防、当（当班长）、该（该他十块钱）、盯、追、跟、上（上学）、占、使用、住（住平房）、攥、扶、搂、抱、挺、吊、养（养鸡）、胀、惯（惯孩子）、攒（攒钱）、陪、蒙、抬、举（举手）、端、押、帮、扑腾、嘟囔、哆嗦、抽搭、忙活、照顾、流行、陪伴、就、培养、注意、冤枉、耽误、坚持、耽搁、担任、张罗"等。

可见，持续性动词是与动量词"遍"搭配的必要条件，但非充要条件。

（二）"次"的搭配对象

"次"的搭配对象范围非常广泛，只要可以重复出现的动作基本都可与其搭配。例如：

（18）我已经忍了很多次了。

（19）去年病了三次。

（20）他被连续提拔两次。

上例中的"次"都不能换为"遍"，且与"次"搭配的动词既可为持续动词，也可为非持续动词。

"次"还可用于计量重复出现的事物。例如：

（21）再给我一次机会。

（22）我很珍惜每一次见面。

上述用法也是"遍"所不具备的。

当然，大部分情况下，多数动词与二者都能搭配。例如例（1）～（4），此时二者凸显的语义是不同的，"次"凸显的是动作的次数，"遍"凸显的是一个完整的动作过程。

三、"遍"与"次"的认知扫描方式

从认知上看，"遍"与"次"的扫描方式也有明显的差异。见下图：

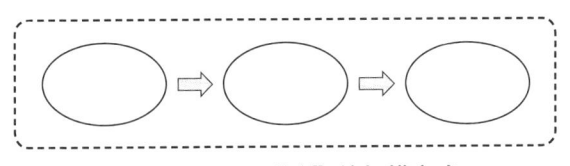

图 45-1　"遍"的扫描方式

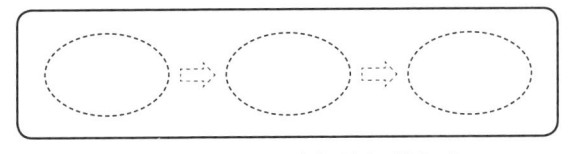

图 45-2　"次"的扫描方式

图 45-1 是动量词"遍"的扫描方式，实线圆代表的是若干个动作过程，此时实线圆被凸显，作为图形（figure）被依次扫描，外面的虚线矩形代表整个动作，则被背景化。这是因为动作过程是该量词凸显的重点，图 45-2 是动量

词"次"的扫描方式,外面的实线矩形代表被凸显的是一个动作整体,是图形,里面的虚线小圆则处于背景化的位置。换言之,当我们使用"遍"时,运用的是序列扫描(sequential scanning);当我们使用"次"时,运用的是总体扫描(summary scanning),即把动作过程作为一个完形整体感知。(两种扫描方式的定义参见 Langacker, 1987)这种认知扫描方式的不同是动量词"遍"与"次"的区别所在。

46. "去一趟"与"去一回"一样吗?

"趟"与"回"是一对近义动量词,《现代汉语词典》(第7版)对二者的解释是:

趟:量词,用于往返、来去的次数,如"他到成都去了一趟、今天夜里还有一趟车"等。

回:量词,指事物、动作的次数,如"来了一回、听过两回"等;说书的一个段落,章回小说的一章,如"一百二十回抄本《红楼梦》"等。

《现代汉语八百词》(增订版)的解释与《现代汉语词典》大同小异:

趟:量词,用于一往一来的动作,一往一来为一趟,如"去了一趟、跑了两趟"等;用于来往开行的列车,一往或一来为一趟,如"刚开出一趟列车"等;指武术一套或一段动作的过程,如"练了一趟拳"等。

回:量词,次,如"去了一回、说了两回、问过几回"等;件,用于事情,前面常用"这么、那么、怎么",如"这是怎么回事?";章回小说或评书所分的章节,如"我才看到第十回"等。

通过上述权威词典的释义来看,"趟"和"回"都可以用在"来、去"等动词后,表示动作的次数。例如:

(1)我昨天去了一趟上海。

(2)我昨天去了一回上海。

(3)我都跑了三趟了。

(4) 我都跑了三回了。

此时,"趟"和"回"可以互换。但是,如果我们调查更多的语料会发现,二者在语义与搭配对象上有着明显的区别。

一、"趟"的语义特征与搭配对象

"趟"的本义为"跳跃、行走",是一种肢体动作,在此基础上引申出了动量词"趟"。因此,动量词"趟"依然保留了动词原有的语义特征,其语义为"一往一来或一来一往的动作次数"。与"趟"高频共现的动词主要有"来、去、走、出去、跑"等,这些动词都有一个共同的特点,即都是由腿部发出的动作,且动作的进行伴随着空间位置的变化,强调动作过程往返的完整性。例如:

(5) 我刚才去了一趟银行。

(6) 下课的时候,他去了一趟卫生间。

(7) 你来一趟办公室吧。

上例中,例(5)~(6)的意思是"去了银行、卫生间并且回来",假如你去了卫生间不再回来了,那就不适宜用动量词"趟"。我们将"趟"的语义图示如下:

图47-1 "趟"的语义图

可见,虽然"趟"在语义上与"回"有共同点,二者都可以用来计量动作发生的次数或频率,但"趟"具有典型的空间性或者位移性,因此与之搭配的大都是位移动词。例如:

(8) 跑一趟医院

(9) 进一趟城

(10) 运一趟货

（11）拉一趟人。

上例中的动词"跑、进、运、拉"都具有空间位移性。

二、"回"的语义特征与搭配对象

"回"的本义是"回转"，为动词，后引申为动量词。受其本义的影响，"回"在动作的计量中，着重强调动作的曲折、过程、回转，既强调动作过程的完整，又凸显动作的复杂性。例如：

（12）他终于赢了一回。

（13）难得吃一回肉。

（14）你还敢不敢再爱一回？

上例中的动量词"回"都有"曲折不易"的含义，从动词前的修饰语"终于、难得、敢"也可以得到印证，而这层含义是"趟"所不具备的。

此外，能与"回"搭配的动词范围要比"趟"大得多。具体来说，"趟"一般只能与位移类动词搭配，而"回"除了与位移类动词搭配外，还可以与言说类、情感类等动词搭配。例如：

（15）千年走一回。

（16）我要去蹦一回极。

（17）都告诉你几回了。

（18）叫三回都不起床。

（19）爱一回痛一回。

上例中，（15）～（16）是位移类动词，（17）～（18）是言说类动词，（19）是情感类动词，除了（15）可换为"趟"外，其余的均不行。

"回"还可以用于以下行为动词。例如：

（20）我也买过一回。

（21）早上哭了好几回了。

（22）吃过一回。

（23）做过一回。

可见，动量词"回"的使用范围非常广泛。

此外,"回"还出现在一些固定搭配或者小说的章节中,例如:

(24)怎么一回事儿?

(25)就那么回事儿。

(26)这部小说一共有五回。

上述例句中,前两例为固定搭配,最后一例则为章回体小说中的用法。

综上可见,动量词"趟"与"回"在用法上还是有很大区别的,"回"的使用范围要远远大于"趟",但若表示"往返次数"的含义,"趟"无疑是最佳选择。

47."翻一番"还是"翻一翻"?

日常生活中,特别是在新闻报道中,我们经常会见到下面的句子:

(1)今年的收入比去年翻了一番。

(2)*GDP争取明年再翻一翻。

那么,上述例句到底该用"翻一番"还是"翻一翻"呢?这个问题有时连中国人都难以分清,更不用说留学生了。要更好地理解"番"与"翻"的语义,我们就要先厘清二者的用法。

先来看"番"。"番,兽足谓之番。"(《说文解字·采部》)"番"是象形字,上面是"采",像兽爪分开的样子;下面是"田",像兽的脚掌。可见,"番"的本义是兽类的脚掌,是一个名词。脚掌的主要功能是行走,动物行走时必然会双脚交替,因此"番"就产生了"轮流、更替"的含义。在此基础上,"番"又引申为量词,用来计量动作的次数,如"考虑一番、争论一番"等。

现代汉语中,动量词"番"的语义特征有两个:一是用于计量比较费时、费力、过程较长的行为或者动作的遍数,此时搭配的数词限于"一"。例如:

(3)她认真地打扮了一番。

(4)你要用心去体会一番。

(5)他把那个人仔细打量了一番。

(6)我们这次一定要好好干一番。

上述例句中，量词"番"计量的动作大都是动作主体用心、费力的安排，我们从动词之前的状语也能窥知一二。"认真、用心、仔细、好好"等状语都从侧面告诉我们上述动作行为的发生并非随意，而是经过了费心的安排。假如我们将例（3）～（4）改为"*她随意打扮了一番、*你要随便去体会一番"，显然都无法成立。而且，也不能选择"一"以外的其他数词，如"*我们这一次要好好干两番"也是说不通的。

"番"还可用于计量言语、思考、心理等行为或者动作。例如：

（7）她昨天自我检讨了一番。

（8）老朋友见面，难免客套一番。

（9）老王把昨天的事又思量了一番。

（10）你要再仔细斟酌一番。

（11）惊讶一番以后，大家开始各做各的事。

（12）静下心来欣赏一番。

上例中，（7）～（8）是言语类动词，（9）～（10）是思考类动词，而（11）～（12）则是心理类动词，不难发现，"番"与这些动词搭配时，表示尽心尽力完成某件事情，这些动作行为也大多是主动、有意识地发出的。

我们再来看一下"翻"。"翻，飞也。从羽，番声。或从飞。"(《说文解字·羽部》)"翻"是形声字，"羽"为形旁，表示语义与羽毛有关；"番"为声旁，表示读音。可见，"翻"的本义指"鸟飞行"，是一个动词，后引申指"翻转、翻腾"等。例如：

（13）经常翻一翻衣柜，没准儿会发现惊喜。

（14）没事就翻一翻书，开卷有益。

上例中的"翻"就是"翻转、翻腾"的意思。

事实上，"翻一番"与"翻一翻"二者都可以说，只是语义上有所区别。"番"是一个动量词，"翻一番"多用于经济社会生活中对数量增长的统计，"翻番"是指原基数成倍增加的次数，如"翻一番"是基数的两倍，即增加了一倍；"翻两番"为原基数的四倍，即增加三倍；同理，"翻 N 番"则为基数的 2N 倍。例如：

（15）这个月工资 5000，下个月好好干，争取翻一番。

上例中,"5000"翻一番后即为"10000",比原来增加了一倍。

而"翻"是一个动词,"翻一翻"表示一个时间极短的动作,与"翻一下、翻翻"意思相当,且这里的数词只能是"一","*翻两翻、*翻三翻"等都是错误的表达。

因此,虽然"翻一翻"也能说,但不常用,意思与"翻一番"也有很大出入。可见上述例(2)中的"翻一翻"属于误用,应改为"翻一番"。

48. 动量词"通(tòng)"与"顿"的适用范围是什么?

"通"与"顿"也是一对比较常用的动量词,二者在语义特点、计量对象等方面有一定的区别,下面分别进行分析。

一、"通"的语义特点与计量对象

(一)"通"的语义特点

"通"的本义是"到达",是一个动词。"到达"与空间有关,并在空间内产生了位移,最终到达目的地。从认知上看,其意象图式应为"起点—路径—终点",是一个完整的位移过程。动量词"通"是在本义的基础上引申产生的,在语义上也具有"全量"的特点,同时也隐含着花费长时间做某事的含义。例如:

(1)被老师批评了一通

(2)解释了一通

(3)吹嘘了一通

上述例句都表示花费较长的时间来做某事,动量词"通"用来计量完整而持续的动作行为。此外,"通"在语义上侧重于表现动作行为"混乱、杂乱"的特征,因此"通"所计量的动词在感情色彩上多倾向于贬义。例如:

(4)训斥了一通

(5)乱编一通

（6）瞎扯一通

（7）嘲讽一通

（8）教训一通

上例中的动词"训斥、乱编、瞎扯、嘲讽、教训"都具有明显的贬义色彩。

（二）"通"的计量对象

在现代汉语中，能受动量词"通"计量的动词主要有以下几类：

1. 言语动词

能受"通"计量的言语动词较多。例如：

（9）咒骂一通

（10）指责一通

（11）鼓吹一通

除了上述动词外，常见的还有"说、讲、起哄、胡扯、胡诌、批判、指责、教训、怒斥、咆哮、数落、诽谤、嘲笑、笑话、发泄、盘问、侃、吹、讨论、争论、议论、解释、辩解、讽刺"等。

2. 吃喝类动词

这类动词主要有"吃、喝、饮、嚼、咬、吞、灌"等。例如：

（12）狂吃一通

（13）猛灌一通

"通"具有"混乱、杂乱"的语义特征，从动词前的状语也可见一斑。上例中的"狂、猛"自身就带有"混乱"的含义，因此与"通"在语义上有着天然的匹配关系。

3. 肢体动作类动词

肢体动作动词是指与四肢有关的动词。例如：

（14）抓了一通

（15）摸了一通

（16）搅了一通

类似的动词还有"抽、抹、翻、涂、洗、挥、打、扔、捶、挠、踢、揉、画、指、跑、揪、掐、转、砸、写"等。

除了上述三类动词外，还有一些动词，也能受"通"计量，如"搞、分析、打量、折腾、闹、表演、研究、调查、指点、打扮、包装、采购、招待、走访、奔波、敷衍"等。

最后，需要注意的是，与动量词"通"搭配的数词只能是"一"，没有"*两通、*三通"等说法。

二、"顿"的语义特点与计量对象

"顿"的本义是"以头叩地"。当头叩在地上的时候，并非头触地瞬间就立刻抬起来，而是要稍微停留一段时间，然后才把头抬起来，在此过程中会产生一个"停顿"的间隙，因此"顿"便引申出了"停顿"的含义。随后，"顿"由"停顿"的含义又发展出"军队驻扎休息"的含义。军队驻扎休息一般需要吃饭，补充能量。也就是说，停顿一次就要吃一次饭，停顿的次数即为进食的次数，所以引申出了量词的用法，即"顿"表示吃饭的次数。

（一）"顿"的语义特征

现代汉语中，"顿"除了用于计量"饭食"，还可以用于计量"斥责、劝说"等动作的次数，这是通过认知上的隐喻机制拓展的。而且，无论是"饭食"还是"斥责"都含有某种"集中"义在里面。如"吃饭"是集中在一个时间把饭吃完，"斥责、劝说"等行为一般也需要集中在一个时间段内来完成，因此这些动作行为具有相似性。在隐喻机制的作用下，量词"顿"得以用来计量这些动作的数量。总之，这些动作都有一个共同的特点，就是要集中在一个时间段内快速做完。例如：

（17）打一<u>顿</u>
（18）吃一<u>顿</u>
（19）骂一<u>顿</u>
（20）揍一<u>顿</u>

上述例句都有"集中"的含义在里面。如"骂一顿"指的是集中在一段时间内辱骂某人，而不是一会儿骂一句，过一会儿再骂一句。"打、吃、揍"等动作也是如此。

（二）"顿"的计量对象

能受"顿"计量的对象主要有以下几类：

1. 吃喝类动词

这类动词主要包括"吃、喝、撮、喂、请、聚、宰、欠"等。例如：

（21）大喝一顿

（22）撮一顿

（23）请一顿

2. 敲打类动词

例如：

（24）扁他一顿

（25）收拾他一顿

（26）修理你一顿

这类动词较多，常见的还有"打、敲打、拍、揍、捶、捣乱、折腾、踢、斗、斗争、治、整、整治、责罚、管教"等。

3. 言语动词

与敲打类行为动词不同，这类动词主要与言语动作有关，例如：

（27）骂一顿

（28）呵斥一顿

（29）数落一顿

这类动词数量不少，主要是具有贬义色彩的言语动词，如"骗、瞎说、说教、恭维、发（脾气）、发（牢骚）、恐吓、辱骂、咒骂、训斥、教训、责备、指责、埋怨、挖苦、嘲笑、羞辱、吵、闹、哭、喊、嚷"等。少数褒义词也适用，如"夸奖、赞美"等。

通过上面的分析，我们发现，"通"与"顿"在语义特征与搭配对象上存在很大差异。"通"主要计量动词的持续量，表示费时、费力做某件事情，计量动词时带有一种浑然一体的情态，多用于贬义词语，动作行为多是主体无意识发出的，且杂乱无序。"顿"着重表示动作行为的"集中、急促"的情态，计量的动词除饮食类之外多是贬义词语。有时两者可以互换，但其语义重点不同。"通"重点在动作行为的过程，"顿"重点在动作行为的次数。此外，在与数词的搭配上，"通"一般只与数词"一"搭配使用；而"顿"由于是计量频次，因此与数词搭配时较为自由。

49. "下一场雨"和"下一阵雨"有何不同？

"下一场雨"与"下一阵雨"都可以说，这里的"场"和"阵"都可以表示动作持续的时间量。那么，二者究竟有何不同呢？

《现代汉语词典》（第7版）对二者的解释为：

场：量词，用于事情的经过，如"一场透雨、一场大战"等。

阵：量词，可以表示一段时间，如"他病了一阵儿"；也可以表示事情或动作经过的段落，如"一阵风、一阵热烈的掌声"等。

《现代汉语八百词》对动量词"场"和"阵"的解释分别为：

场：量词，用于风雨、病、灾、农事活动等，如"下了两场雨、刮了一场大风"；可用于某些言语行为，后面不能接名词，如"大哭一场、闹了两场"等。

阵：量词，用于延续一段时间的动作，可以儿化，有时可带"子"，数词限于"一"，如"雨下了一阵儿又停了"；可用于延续一段时间的事物、现象，主要是风雨、声响、感觉等，有时可儿化，如"一阵儿冷风、一阵心酸"等。

从两本词典的解释来看，二者在使用时确实有一定的区别，下面我们来看一下它们的具体差异。

一、"场"的语义特征与计量对象

"场"的本义是"平地"，引申为量词时，用于表示事情的经过，强调动作行为是一个有头有尾的完整过程，有"持续一段时间"的含义。能被"场"计量的动作行为主要有以下几类：

（一）自然现象类

"场"较常用于计量自然现象的发生。例如：

（1）下一场暴雨
（2）刮一场风
（3）下一场雪

（二）病、灾类

"病、灾类"与"自然现象类"有共通之处，一般都是由不可抗拒因素导致的行为。例如：

（4）生一场大病
（5）闹一场饥荒
（6）发一场洪水

（三）言行类

例如：

（7）大哭一场
（8）吵一场
（9）大闹一场
（10）大干一场

上述三类动词与"场"组合后，重点强调的是动作从开始到结束的过程。上例中的"场"都具有"持续一段时间、量大"的语义特征，如"生一场病"与"生一次病"或"生一回病"相比，其"量大"的语义特征是显而易见的。此外，"场"前动词的状语也可以从侧面加以佐证，如我们经常说"大哭一场、大干一场"，却很少说"小哭一场、小干一场"，这也反映了"场"确实具有"持续时间长、量大"的特点。

（四）文体类

"场"用于计量文体类活动时，着重强调这些活动依赖于特定场所的特点。例如：

（11）踢一场足球

（12）打一场比赛

（13）唱一场戏

（14）演一场话剧

（15）放一场电影

上例中，"场"计量的文体活动或事件在人们的认知中一般都有固定的场所，如"放电影在电影院、足球比赛在足球场"等。与前三类不同的是，"场"用于计量文体类活动时一般不强调"量大"的语义特征，而是着重计量文体活动从起点到终点的持续过程，完整地进行一次为"一场"。需要说明的是，"场"作为量词使用时，有两种用法，声调也存在差异。"场（cháng）"用来计量事情的经过，上面的（一）到（三）都属于此类；"场（chǎng）"则用于计量有场次或场地的文体活动，（四）属于此类。

二、"阵"的语义特征与计量对象

"阵"的本义是古代两军交战时军队的阵型。我们知道，"战争"大都具有"激烈性、持续性、集中性"等特点，因此，与"战争"有关的"阵"在引申为动量词时，也具有类似的语义特征。

（一）"阵"的语义特征

"阵"的语义特征主要有两个：

1. 用来表示动作行为的阶段性持续

例如：

（16）疼了一阵儿

（17）骂了一阵儿

（18）住一阵儿

（19）哭了一阵儿

（20）歇一阵儿

"疼、骂、住、哭、歇"一般都不是瞬间能完成的动作，都具有一段时间的持续性。

2. 用来表示动作行为的密集性

例如：

（21）刮一阵风

（22）下一阵暴雨

（23）下一阵大雪

上例中，"刮一阵风"一般是指集中在短时间内刮得比较剧烈的风，"下一阵暴雨"是指突然开始并在短时间内突然结束的大雨，"下一阵大雪"也是如此。可见，"阵"常用于短时间内集中出现的自然现象。

（二）"阵"的计量对象

"阵"常与表示自然现象、心理活动等持续性动作行为的动词搭配，但一般不与瞬时动作搭配使用。"阵"的计量对象具体包含以下几类：

1. 自然现象类

（24）下了一阵雨

（25）响了一阵雷

2. 心理活动类

（26）难过了一阵

（27）消沉了一阵

（28）开心了一阵

（29）激动了一阵

类似的动词还有"痛苦、颓废、沮丧、高兴、高调"等。

3. 颜色类

"阵"也可以与表示脸色变化的颜色词搭配使用，例如：

（30）脸红了一阵。

（31）他的脸青一<u>阵</u>，白一<u>阵</u>。

4. 声响类

（32）响起了一<u>阵</u>掌声。

（33）传来一<u>阵</u>枪声。

除上述几类外，还有一些持续性动作也可用"阵"来计量，如"笑了一阵、等了一阵、挣扎了一阵"等。

通过上面的分析，我们发现，"场"与"阵"在语义特征与用法上有同有异，相同点是二者都可用于计量自然现象，而且都可用来计量动作行为的持续过程，表时段量。区别在于"场"比"阵"所计量的动作行为持续时间相对更长、涉及空间范围更大；"场"更注重"从头到尾的完整过程"，"阵"则更强调"短时间内动作行为的密集性"。可见，二者在语义与用法上还是有诸多不同的，使用时需要加以甄别。

50. 为什么可以说"一个月"，不能说"一个年、一个天"？

我们在进行对外汉语教学时，经常会看到或听到留学生造出下列句子：

（1）*我已经学习汉语<u>一个年</u>了。

（2）*我刚到中国<u>三个天</u>。

（3）*<u>下月</u>我去北京旅游。

（4）*我等你<u>十个分钟</u>。

作为母语者，我们当然知道，上述句子都是错误的，但是错误的原因是什么？为什么可以说"一个月"，而不能说"一个年、一个天、一个分钟"呢？这就需要了解一下时间名词与时间量词的区别了。

一、时间名词

时间名词就是用来表示时间的名词，如"今天、明年、下午、晚上、年底、刚才"等。时间名词可以单独充当句法成分。例如：

（5）<u>今天</u>星期一。（做主语）

（6）明天<u>大年初二</u>。（做谓语）

（7）我们的结婚纪念日是<u>后天</u>。（做宾语）

（8）<u>昨晚</u>的比赛真没意思。（做定语）

（9）我们<u>明天</u>去北京开会。（做状语）

时间名词是名词的一种，可受数量词修饰，但不能直接受数词修饰。例如：

（10）一个月

（11）一个晚上

（12）一个星期

（13）一个学期

时间名词前也可加上介词构成介词短语。例如：

（14）在昨天 / 自去年以来 / 在晚上

二、时间量词

时间量词是表示时间长短的计量单位，如"年、天、周、分钟、秒"等。时间量词属于量词，因此与其他量词一样，通常与数词一起构成数量短语充当句子成分。例如：

（15）<u>一年</u>有三百六五天。

（16）我给你<u>三天</u>时间。

（17）我已经等了<u>十分钟</u>了。

上例中的"一年、三天、十分钟"是数词与量词一起构成数量短语分别充当主语、定语和补语成分。

时间名词前可加量词"个"，但时间量词前则不能。例如：

（18）*一个年 / *三个天 / *四个周 / *十个分钟

上文例（1）～（4）就是因为留学生误把时间量词"年、天、分钟"当成了时间名词使用，误把时间名词"月"用作了时间量词。此外，也有一些词同时兼有时间名词和时间量词两种词性。那么，我们该如何辨别呢？现在我们将最常用、词性易混淆的十个时间词列表如下，并给出辨别标准。

表 50-1　易混淆时间量词与时间名词表

	年	月	天（日）	年度	星期	周	小时	分钟	秒	学期
序数词	√	√	√	√	√	√	√	√	√	√
数词	√	×	√	×	√	√	√	√	√	√
数量词	×	√	×	√	√	×	√	×	×	√

上表中，只表示时间的计量，能同时受序数词与数词修饰，但是不能受数量词修饰的词是时间量词，这些词有"年、天（日）、周、分钟、秒"。比如，我们可以说"第一年／一年、第一天／一天、第一周／一周、第一分钟／一分钟"，但不能说"*一个年、*一个天、*一个周、*一个分钟"。

此外，只能受序数词与数量词修饰，不能受数词直接修饰的是时间名词，如"月、年度"。

同理，能够同时受序数词、数词、数量词三者修饰的应看作是时间名词与时间量词的兼类词，如"星期、小时、学期"。

需要指出的是，上表只是我们对十个常用词的举例说明，汉语中的时间名词与时间量词远不止这些，其他时量词也可通过上述方法来进行判定。

51. "8∶05"为什么不能说"八点五分钟"？

"分"和"分钟"在对外汉语教学中出现的频率非常高，很多留学生都将"分"看作是"分钟"的缩写，认为二者意思完全相同，只是口语与书面语的区别。事实真的如此吗？首先，可以肯定的是，二者确实都用来表示时间，且有时候可以互换，例如：

（1）她吃饭用了三分四十秒。

（2）他吃饭用了三分钟四十秒。

但在某些情况下，二者又不能互换，例如：

（3）A：现在几点？

B：三点十分。（*三点十分钟。）

（4）我已经等了你三十分钟了。（*我已经等了你三十分了。）

例（3）中的"分"不能换为"分钟"，例（4）中的"分钟"换成"分"也说不通。那么，这是什么原因呢？

《现代汉语词典》（第7版）对"分"的解释为：量词，时间计量单位，六十秒等于一分，六十分等于一小时。但是《现代汉语词典》（第7版）未收录"分钟"这一词条。《现代汉语八百词》则二者均未收录。可见，对"分"与"分钟"进行辨析是非常有必要的。下面我们分别来看一下二者的用法。

一、"分"的用法

"分"是时间计量单位。我们知道，一小时等于六十分，一分是六十秒。当"分"前加上序数词，与"点"搭配使用时，"分"是时点量词，指的是某一个具体的时间点。例如：

（5）我今天起床的时间是六点二十分。

（6）他每天晚上十点四十分准时睡觉。

上例中的"二十分、四十分"分别指的是"第二十分、第四十分"这个时间点，如例（5）的意思为"我今天是在六点二十分这个时间点起床的"。

当"分"前的数词是基数词，且"分"与"小时、秒"合用时，"分"则表示的是一个时间段，为时段量词。例如：

（7）这部电影时长为一小时五十分。

（8）他三千米跑了九分五十七秒。

（9）他喝一瓶啤酒用了一分十五秒。

上例中的"分"都可以与"分钟"互换，表示"六十秒"这个时间段，如例（7）中的"五十分"就是表示"五十个"分钟这样的时间段。

二、"分钟"的用法

"分钟"也是用来计量时间的单位，其用法比较单一，意思与"分"基本相同，但是"分钟"一般不与序数词连用。当"分钟"前加上基数词时，"分钟"是时段量词。例如：

（10）我刚才睡了二十<u>分钟</u>。

（11）你们等我一<u>分钟</u>。

上例中的"分钟"均为时段量词，也是表示"六十秒"这样一个时间段。

通过上述分析，不难发现，虽然"分"和"分钟"都是表示计时的单位，意义也基本相同，但在具体使用时仍有一定的区别。具体来说，"分"前可以加序数词，与"点"搭配使用时，"分"为时点量词，如"八点十分"；而"分钟"只能是时段量词，不能用作时点量词。因此，在日常生活当中，我们表示某个时间点时需要用"分"而不能用"分钟"。

当二者前面加上基数词时，都是时段量词，此时二者可以互换。

综上可见，"8：05"是一个时间点，而非时间段。因此，我们只能说成"八点零五分"，而不能说成"*八点五分钟"。

第四部分 复合量词与借用量词

52. "人次"与"架次"是量词吗?

我们在新闻报道中经常会看到下面这样的句子:

(1) 哈尔滨机场旅客吞吐量突破 2000 万人次。

(2) 日均取消航班逾 7800 架次,怎样订票才"靠谱"?

上述例句中的"人次"与"架次"是不是量词呢?答案是肯定的。只不过二者与我们常见的单个量词有所不同,它们都是由两个量词叠加而成,属于复合量词。

这类"×次"复合量词往往是由两个或两个以上的单个量词相乘构成的复合单位,它们所表示的意义是两个或两个以上量词意义的积。如例(2)中,7800 架次既可以指 7800 架飞机各飞一次,也可以指 3900 架飞机各飞两次,以此类推,即它可以指多次反复飞行。所以飞机的量词"架"与动量词"次"共同组合成了相乘关系的复合量词"架次"。

"×次"类复合量词主要有以下三种构成方式。

一、"个体量词+次"

这里的个体量词主要是指名量词,常见的有"架、辆、件、台"等。例如:

(3) 全行业参与保供应运输车辆累计约 2.4 万辆次。

(4) 2021 年上半年,全国纪检监察机关共接收信访举报 180.6 万件次。

(5) 心脑血管介入室年手术量达 3000 台次。

例(3)~(5)中的"辆次、件次、台次"都是由个体量词"辆、件、台"与动量词"次"组合而成,是相乘关系。

二、"集合量词+次"

"次"也可以与集合量词一起构成复合量词。但此类集合量词数量不多，主要有"批、组、卷"等少数几个。例如：

（6）广东省市场监管局抽检粮食加工品 365 <u>批次</u>，不合格 3 <u>批次</u>。

（7）温州全市纪检监察机关共派出 445 个监督<u>组次</u>，检查市县职能部门 504 家。

上例中的"批次"与"组次"就是集合量词"批、组"与"次"组成的相乘关系的复合量词。

三、"借用名量词+次"

我们知道，借用名量词是一个开放的类，因此能与"次"构成复合量词的借用名量词也比较多，常见的有"车、人、班、场"等。例如：

（8）中石化上海 430 余座加油站保供应，应急加注 77 万<u>车次</u>。

（9）博鳌论坛期间，海南航空预计保障航班约 15 <u>班次</u>。

（10）华安保险"3·15"期间举办活动 600 余<u>场次</u>。

上例中，"车次、班次、场次"中的"车、班、场"都是从名词借用而来的量词，它们与"次"一起组成了复合量词。

总的来说，"×次"类复合量词是一个开放的类，在一定条件下，很多个体量词、集体量词与借用名量词都可以进入该结构形成临时复合量词，但是真正能稳固下来，并长期做复合量词的不多。尽管如此，这些复合量词仍然是汉语量词系统的重要组成部分。

此外，据关英伟（1990）考察，有的积式复合量词组成成分具有多义性，因此它们作为词素组合成复合词时，也具有多义性。关文说的就是"借用名量词+次"类复合词。例如：

（11）随着客流逐渐恢复，环京公交日发车量已达 900 余<u>车次</u>。

（12）我们曾一起乘高铁，同一<u>车次</u>共 109 名学生。

上例中，例（11）中的"车次"是复合量词，指的是发车若干次的总量，可以与数词直接构成数量短语；而例（12）中的"车次"指的是高铁的编号，是一个名词。二者同形但不同义。类似的情况，如"班次"既可以作为复合量词指"交通工具运行的总次数"，也可以表示"班级的次序"等。可见，"×次"类复合量词与其相同形式的复合名词极易混淆，需要注意区分。具体方法是：复合量词"×次"中的"×"与"次"都是量词，而复合名词"×次"中的"×"与"次"均不是量词。

综上所述，"人次"与"架次"都是量词，且都属于复合量词。

53. "台套"与"台件"是量词吗？

"台套"与"台件"是量词吗？要回答这个问题，我们先来看下这类词的构成与用途。一般来说，该类词通常由两个物量词复合而成，主要用于计量同类事物。因此，它们自然也是复合量词的一种。

需要注意的是，与表达相乘关系的"人次、架次"等复合量词不同，该类复合量词的两个物量词之间具有选择的关系。主要包括以下三种类型。

一、"个体量词 + 个体量词"型复合量词

这类复合量词是由两个个体量词组合而成。例如：

（1）截至目前，全市大小畜累计产仔 92.28 万<u>头只</u>。
（2）玛纳斯县今年已补贴农机具 440 <u>台架</u>，兑付资金 900 万元。
（3）我省为复工复产企业累计校准计量器具 60 773 <u>台件</u>。

上例中，"头只、台架、台件"中的"头、只、台、架、件"都是个体量词，组成复合量词后表示的是"头"或"只"、"台"或"架"、"台"或"件"的含义。因为有的牲畜是用"头"计量，有的需用"只"来计量。同理，有些"农机"用"台"计量，但有的却需要用"架"计量。可见，它们是一个复合性计量单位，去掉其中任何一个都会使句子的意思与原意产生差异。如例（1）若变成"全市大小畜累计产仔 92.28 万头"，就会让读者误以为这些牲畜都是大型牲畜。

二、"个体量词 + 集合量词"型复合量词

个体量词也可以和集合量词进行组合，构成一个复合量词。例如：

（4）自从有了这少女心的卡通四件套，多年的失眠都治好了。

（5）合肥全力战"三夏"，18.5万台套农机具助力颗粒归仓。

（6）三星堆文物再上新！3号坑和4号坑共出土完整器557件（组）残件。

上例中的"件套、台套、件（组）"都是由个体量词与集合量词组合而成。例（6）中使用复合量词"件（组）"就是因为有的文物是按"件"计量，有的文物则是按"组"来计量，因此"件"与"组"之间是选择的关系。类似的复合量词还有"台组、篇卷、间套"等。

三、"集合量词 + 集合量词"型复合量词

最后一种是集合量词与集合量词之间的组合。这类复合量词数量不多。例如：

（7）从1982年至1992年10年间，她已为400多部（集）影视剧创作了音乐和歌曲。

（8）向上级和兄弟部队请领了防毒教学器材、木塞、堵漏伞等训练器材274部（套）。

例（7）～（8）中的"部（集）"与"部（套）"由两个集合量词组合而成，这里的"部"与"集"、"部"与"套"都是选择关系。

需要说明的是，上述三类选择型复合量词对其组成成分的选择是有条件限制的，即只有属于同一类型、相同单位的量词才可以组合构成选择型复合量词。例如：

（9）常州市场监管部门共对9.36万多台件计量器具实施了强制检定。

（10）全市66万栋建筑物和1 100多万间套房屋有了"身份证"。

上例中的"台"与"件"都是用来计量器具的，"间"和"套"则都用于计量房屋，因此二者才可以组合成复合量词。像"台间、头件"等复合量词就无法成立，毕竟"台"与"间"、"头"与"件"分别计量的是不同类型的事物。

综上所述，"台套、台件"等词由"台、套、件"等个体或集合量词组合而成的，用来计量同类事物，它们中的任何一个都不能省略。因此，它们应被视为复合量词，具体一点说，是表示选择关系的复合型量词，而非两个单独的量词。目前来看，这类量词主要用在新闻、报刊等媒体语言环境中。但是，我们相信，随着社会的发展、语言的丰富，这类复合量词也会不断产生，且使用范围也会越来越大。

54. "一肚子委屈"与"一鼻子灰"中的"肚子"和"鼻子"是量词吗？

在日常交际中，我们经常见到或听到这样一些句子：

（1）一<u>肚子</u>委屈没处说。

（2）碰了一<u>鼻子</u>灰。

这里的"肚子"与"鼻子"是不是量词呢？首先，毫无疑问，它们本身可以做名词，但是从句法位置上看，它们处在数词和名词的中间，这确实又是量词的位置。因此，我们将其看作是借用名量词。这类词大都是用范围或幅度来量度，它们与其他专用的量词在形式上的区别在于"其前的数词只能是'一'"，且"一"在此处是"全、满"的含义，如上例中的"一肚子委屈"就是"满肚子委屈"的意思。

这类借用量词主要是临时借自人体器官名词或者容器名词，因此我们又可以称这类借用量词为"人体器官量词"和"容器量词"。邵敬敏（1993）曾准确地将此类借用量词分为"可附性"和"可容性"两种，我们认同邵文的分类并举例如下：

一、可附性借用量词

这里的"可附性"指的是被计量对象对人体器官量词具有依附性。例如：

（3）一<u>头</u>乌黑亮丽的秀发

（4）一脸汗水

（5）一身雪

（6）一腿泥巴

上例中的"秀发、汗水、雪、泥巴"都是依附在人体器官"头、脸、身、腿"上的物体，用名词所依附的身体器官来计量该名词，具有非常直观的效果。当然，有些依附性是比较抽象的，如"一脸委屈、一脸无奈"等，这里的"委屈"和"无奈"都是看不见、摸不着的抽象事物。

二、可容性借用量词

"可容性"是指借用量词对其所计量的对象有"容纳、包含"的含义。这类借用量词主要有两种：一是借用人体器官量词，二是借用容器量词。

（一）借用人体器官量词

与可附性借用量词不同，可容性借用量词强调的是人体器官对计量对象的包容性。例如：

（7）一肚子怨气

（8）一脑子坏水

（9）一腔热血

上述例句中，"肚子、脑子、腔"与"怨气、坏水、热血"是容纳与被容纳的关系，因后者缺少相应的专用量词，所以此处将与其相关联的人体器官名词借用为量词，这样既弥补了量词的空缺问题，也起到了直观形象的效果。

（二）借用容器量词

借用容器量词主要借自具有容器功能的名，这类名词较多，常见的如：

（10）一车乘客

（11）一船货物

（12）一桶汽油

（13）一屋子书

（14）一<u>箱子</u>衣服

上例中的"车、船、桶、屋子、箱子"都可以看作是一个容器，"乘客、货物、汽油、书、衣服"则可视为容纳物，二者是容纳与被容纳的关系。当然，也有一些容器名词看起来容纳功能不太明显，例如：

（15）摊了一<u>床</u>衣服

（16）一<u>桌子</u>菜

（17）一<u>地</u>垃圾

上例中的"床、桌子、地"的容纳功能不显著，可看作是承载功能，也可以视为广义的容纳功能。为便于理解，我们统一将其划为借用容器量词。

最后，需要说明的是，这类借用量词是一个开放的类，在合适的语境下，很多具有"可依附"或者"可容纳"功能的名词都可以临时借用为量词，但是最终能否进入专用量词，要看其能否经得起时间的检验了。

55. "看一眼"与"踢一脚"中的"眼"和"脚"是量词吗？

在对外汉语教学中，经常会看到留学生造出如下句子：

（1）*我生气地打了他一<u>次</u>。

（2）*老师看了我一<u>次</u>，就继续上课了。

（3）*刚才他踢了我一<u>回</u>，我也踢了他一<u>回</u>。

上例中动量词的使用明显不符合中国人的表达习惯，应将例（1）～（3）中的动量词依次改为"拳、眼、脚"。那么，"打一拳、看一眼、踢一脚"中的"拳、眼、脚"是不是量词呢？

答案是肯定的。只不过这类动量词比较特殊，它们大都借自人的身体器官名词，属于借用动量词。这些借自器官的动量词是量词中一个特别且重要的小类，它们借用身体器官名词来计量器官发出的相关动作。这些身体器官主要有以下两类。

一、面部器官

面部器官主要包括"眼、嘴、口、鼻子"等。例如：

（4）今天才知道，钞票上有一个小机关，看一<u>眼</u>就能分辨真假。

（5）吃一<u>口</u>来自新疆的古树杏干，你就会知道"新疆有多甜"！

上例中的"眼"与"口"就是人的面部器官。其实这种借用方式与转喻有关，我们知道，转喻强调事物之间的相关性，用一种事物来代替相关的事物。就人体器官动量词而言，是指用人体器官来转指人体器官所发出的动作行为的量，而这些动作与器官密切相关。因此，在转喻机制的作用下，人体器官所指的不是某个器官实体，而是与该器官有关联的事件，进而实现了对动作的量化过程。我们以"口"为例，"口"本指"人类用来发声和进食的器官"，是饮食类动作"吃、尝、喝"等需要借助的器官。换言之，"口"是这些动作得以进行所必须借助的工具，与这些动作相比，"口"更具有显著性特点。因此，用显著性较高的"口"来代指"吃、喝"等动作的量符合转喻发生的条件。其实，这与人类认知客观世界也是一脉相通的，符合"近取诸身，远取诸物"的认知法则。因为人类总是先从认识自己的身体开始，然后通过隐喻与转喻的认知方式来认知外部世界。

二、肢体器官

肢体器官借用为动量词的现象比较多见，常用的有"拳、手、巴掌、脚、腿、肘子"等。例如：

（6）他重返家乡，师妹激动得跑出螃蟹步，不料被他连打两<u>拳</u>。

（7）因"家暴男"演得太成功，他被路人抽了一<u>巴掌</u>。

（8）他演唱时手臂被武僧狠踢一<u>脚</u>，吓得脸变形，差点笑场。

这里的"打、抽、踢"等动作通常需要借助相应的身体器官或工具才能完成，例如"打两拳、抽一巴掌"中的"打、抽"这些动作本身就是借助"拳、巴掌"这些身体器官所发出的，因此，这些身体器官与行为动作的相互关联使其语义具备了工具性。

同时，既然能被借用为动量词的身体器官名词是动作行为的发出者，那么它就反过来限定了动词的选择范围。拿例（7）来说，"巴掌"能发出的动作主要有"打、抽、甩"等，因此，当借用动量词为"巴掌"时，其前的动词也往往局限在这些动词中。

最后，需要指出的是，在"打一拳、踢一脚"等结构中，数字的选择往往比较自由。例如：

（9）李乡长挨了<u>三拳</u>，有这回事吗？

（10）他无意中多看了<u>几眼</u>，突然眼前一亮。

（11）当他背着书包出门时狠狠蹬了<u>两脚</u>，随即怕我发火，飞快地跑了起来。

不难看出，上例中借用动量词的前面搭配了不同的数字，既可以是表示实指的数字"三"，也可以是表示虚指的"几"和"两"。值得一提的是，虽然借用动量词对数词的选择相对自由，但总的来说，一般还是十以内的数字居多。

通过上述分析可以发现，"看一眼"与"踢一脚"中的"眼"和"脚"都是借用量词，前者借自面部器官，后者借自肢体器官。

56. "砍一刀"与"走两步"中的"刀"和"步"是量词吗？

日常生活中，现有的专用动量词有时无法满足语言交际的需求，这时就需要从其他词类中临时借用一些词作为动量词，我们称之为"借用动量词"。借用动量词是现代汉语量词系统中不可或缺的组成部分之一，也是一个较为开放的系统，有着丰富的来源。除了我们前面讨论过的身体器官常被借用为动量词外，还有以下两类词也经常被借用为动量词。

一、工具名词

顾名思义，工具就是供人使用的具有某种功能的器具，用来表示这些器具的名词就是工具类名词。工具类名词经常被借用为量词，例如：

(1) 他静静神，又砍一<u>刀</u>，这一刀用了些力气，却只砍出一道白印儿。

(2) 工作人员说打一<u>针</u>让他睡过去就是了。

(3) 住在楼上的这位老人叫刘一川，也能写几<u>笔</u>、画几<u>笔</u>。

(4) 从家门口出来，如果他肯挖一<u>锄头</u>就挖到黄金了。

(5) 陈一平脖子上像挨了一<u>斧子</u>，强抑惊慌："你，你知道什么啦？"

(6) 那姑娘开了一<u>枪</u>后，自己也吓愣了。

上例中的"刀、针、笔、锄头、斧子、枪"都是某种工具，在句子中被借用为动量词。若要细分，这些工具有的是生活用具，如例（3）；有些是农耕工具，如例（4）；有些则是用作武器的工具，如例（1）与例（6）等。与这些工具名词搭配的动词通常是人们使用这些工具时所发出的动作，例如"砍、挨"是使用"刀、斧子"等工具发出的动作，"写"则是使用"笔"时发出的动作等。

当然，因为工具在使用时具有多种功能性，因此，借用工具量词可以根据其功能的不同来选择对应的动词。例如：

(7) 他似乎也不讲究，菜常常不切一<u>刀</u>便下锅。

(8) 不用我也没意见，但犯不着这样背后捅一<u>刀</u>吧。

(9) 他悄悄走过去，对着西瓜猛扎一<u>刀</u>。

(10) 无论喝酒喝汤，都是就地砍一截竹筒，筒口斜削一<u>刀</u>，随用随取。

上例中的"切、捅、扎、削"就是根据"刀"的不同使用方式所采用的不同动作。

二、伴随名词

伴随名词指的是表示伴随某个动作所产生的某种结果的名词。这类名词较少，只有"圈、步、声"等少数几个。例如：

(11) 他绕着球场跑两<u>圈</u>就已经累得不得了了。

(12) 张家港的气温高达三十五六摄氏度，下车走几<u>步</u>就是一身汗。

(13) 她突然大叫一<u>声</u>："不！我要继续读书，上大学。"

(14) 毛福梅不顾山高水长，颠着小脚，送了一<u>程</u>又一<u>程</u>。

上例中的"圈、步、声、程"就是伴随动作"跑、走、叫、送"产生的结果，此处借用为动量词，与数词一起来表示动词行为的数量。

此外，一般来说，除了借用量词"程"有经常和数词"一"的习惯搭配外，其他借自伴随名词的量词一般对数词没有特别的要求，只要符合当下语境，一般的数字都可以使用。例如：

（15）他绕学校四百米的操场跑了<u>五圈</u>。

（16）每天走路<u>一万步</u>，对身体是好是坏？

（17）女司机喊了<u>五六声</u>，直到有人让座才开车。

上例中，借用动量词前的数词使用都比较自由，也可任意替换。

综上我们可以得出结论，"砍一刀"与"走两步"中的"刀"和"步"也是量词，只不过二者都是借用动量词，前者借自工具名词，后者借自伴随名词。

第五部分　量词教学设计

57. 怎么教"名量词"?

名量词是量词系统中数量最多、用法最为复杂的一类量词。《现代汉语八百词》的附录中共收集了常用"量名"组合四百余条,且其中尚未收录或一般不收录"集合量词、度量衡量词、临时量词"等小类,可见汉语中的名量词数量之多,用法之广泛。因此,在对外汉语教学中,深入了解留学生在使用名量词时出现的偏误类型及原因,并提出针对性的教学建议,是具有着重要实践意义的。

一、名量词常见偏误类型

在对外汉语教学过程中,我们发现留学生在使用名量词时常犯的错误有以下几类。

(一)名量词缺失

我们知道,在名量词中,有相当一部分是专用量词,而这类量词在非汉藏语系语言中是极为少见的。特别是对于印欧语系学生来说,他们的母语缺少专用个体量词,因此,在他们的思维中,没有使用量词的自觉意识,说话时常常会遗漏量词。例如:

(1)*我有五书。
(2)*我有三钱。

上例都是留学生作业中常出现的句子。他们显然是受到母语负迁移的影响,忘记了汉语中的数词与名词之间需要使用量词的规则,这属于语法错误。

当然，也存在另一种情况，就是留学生对量词的掌握不够熟练，为了避免出现错误，在不能确定用哪个量词的情形下，他们采取了回避策略，直接弃用量词，从而造成偏误，这属于语义错误。

名量词缺失问题主要出现于留学生学习汉语的初级阶段，随着学习者学习时长的增加及汉语水平的提高，这类问题会逐渐减少，乃至消失。

（二）名量词泛化

到了初、中级阶段，留学生已经掌握了一定数量的名量词，也基本了解了汉语"数词 + 量词 + 名词"的语法规则，这一阶段往往是名量词泛化的高发时期。名量词泛化的情况主要有两种，一种是将量词用于所有该类事物。例如：

（3）*我买了一件裤子。

（4）*他有一件围巾。

（5）*我穿了一件裙子。

上述例句显然是留学生在学习了服装类量词"件"后所犯的错误，他们将"件"应用于所有与服装有关的物品，人为地扩大了量词的适用范围。

另一种是量词"个"的泛化，这种错误十分常见。例如：

（6）*我要一个水。

（7）*买了一个花。

（8）*他有三个书。

上述例句都是量词"个"泛化的表现，泛化的原因主要是学生掌握了"个"可用于计量相当一部分物体，于是在不确定具体量词，且为了保证语法格式正确，将"个"泛化应用于所有个体事物。

（三）名量词混淆

随着掌握的量词越来越多，留学生"名量词混淆使用"的现象就会出现。混淆使用主要包括三类。

一是"形似名量词"混淆。顾名思义，"形似"就是指字的外形比较相似，这类量词在汉语中有一定的数量。例如：

（9）*一幅（副）手套

（10）*一颗（棵）树

上例中，我们知道括号里的量词才是正确答案，"幅"与"副"、"颗"与"棵"是两组在外形上比较相似的量词，对于非汉语母语者，将二者混淆是较为常见的现象。

二是"同音名量词"混淆。汉语中存在大量的同音字，有些发音相同意义却不同的名量词也经常被留学生混淆使用。例如：

（11）*一支（枝）玫瑰

（12）*一截（节）电池

这类偏误主要出现在以印欧语系为母语的留学生人群中，他们的语言大都是拼音文字，很少出现同音词，而且这些留学生对声调的掌握相对较弱，因此，他们极易混淆使用发音相同的量词。

最后一类是"义近名量词"混淆。有些名量词虽然在外形上区别较大，发音上也不相似，但是它们在语义上比较接近，这类量词也经常被留学生所混用。例如：

（13）*一对（双）筷子

（14）*一双（对）情侣

（15）*一条（根）柱子

（16）*一根（条）虫子

上例中的"对"与"双"、"条"与"根"是两组近义量词，前者在数量上是相同的，后者则在形状上相似。但是它们的计量对象又有着明显的区别，留学生有时候很难把握，容易将它们混淆使用。

二、名量词教学对策

针对上述三种常见的名量词偏误类型，我们提出以下教学策略：

（一）构式教学

"构式"的概念由 Goldberg（1995）提出，她指出，只要某个语言结构在形式或功能的某个方面不能从其组成部分或其他已知构式中严格预测出来，即可视为构式。后来，她又把能被完全预测，但出现频率足够高的语言格式也纳入构式范围（Goldberg，2006）。从这个意义上来说，汉语中的"数+量+名"是一个典型的构式，而且是一个图示构式，即每个部分都可以用同类的其他词所替换，如在数词的位置上，可以是"一"，也可以是"二、三"等。同理，量词与名词位置上的内容也可以分别被替换。因此，在教学过程中，我们不应把数词、量词、名词三者割裂开来，而应把"数+量+名"视作一个构式来教学，让学生将该构式作为一个整体模块来记忆，并通过反复练习加深其记忆。

我们知道，在汉语中，不同的名词往往对应不同的量词，"构式教学"就是要求我们在教授名词的同时，也把与其匹配的量词一起教授。如我们在教授交通工具名词"汽车、飞机"时，不仅应教授名词本身，还应教授"一辆汽车、一架飞机"这样的"数+量+名"结构。

反过来，不同的量词所计量的对象也存在差异，我们在学习某个量词时，也同样应把其所计量的名词展示出来，并作为构式一起教学。如我们在教授名量词"把"时，可以将其与常用的搭配对象"雨伞、刀、椅子"一起组成"一把雨伞、一把刀、一把椅子"等构式进行教授，以加深留学生对构式模块的理解与记忆。这样，学生学习的不再是一个个孤立的"死知识"，而是可以学以致用的"活知识"。

（二）认知教学

汉语中绝大多数量词与名词之间的搭配都不是约定俗成的，而是有一定认知理据的。因此我们在进行教学时，要引导学生发现量词与名词之间的关联，这样才能做到"既知其然，又知其所以然"。我们知道，量词与其所计量的事物在某些特征上存在一定的相似性或相关性，大部分"同一量词可以修饰多种事物"的现象都可以从认知上的隐喻、转喻、家族相似性、范畴化等方面得到解释。

以隐喻机制为例，隐喻在生活中无处不在，我们的思想和语言所依据的概念系统，就是以隐喻为基础构建起来的，隐喻参与了我们认知的整个过程。就量词来说，我们在教学中，可以尝试根据事物之间的相似性有意识地将具有共同特征的事物归为一类，这样就会形成一个认知语义网络。教师可以引导学生把可以被同一个量词计量的一类事物集中起来贮存于大脑，以方便检索，大脑受到相关事物刺激时，便能激活、唤醒该量词。久而久之，这种认知关联就会形成一种思维惯性，有利于留学生对量词的习得。

例如，我们可根据事物外形的相似性将量词分为"线状、点状、面状、体状"四大类，然后列出每一类的典型量词与常见搭配事物，见下表：

表 57-1　四类形状量词的语义特点与常用搭配表

量词分类	典型代表	语义特点	常见搭配事物
线状量词	条	细长、可弯曲	裤子、河、路、腿、绳子、新闻、消息、法律等
	根	细长、硬、一般不可弯曲	筷子、棍子、针、香蕉、冰棍、火柴、手指等
	支	直、细长、硬	笔、烟、枪、球队、乐队、队伍、歌曲、舞曲等
	丝	量极少、细长形	头发、缝隙、风、温暖、留恋、笑容、疑惑等
点状量词	滴	水滴状、圆形、体积较小、液体	水、眼泪、墨水、汗、口水、油、雨等
	粒	颗粒状、圆形、体积小、固体	米、沙子、种子、花生、灰尘、芝麻、（进）球等
	颗	颗粒状、圆形、±体积小、固体	糖果、巧克力、牙、星星、子弹、珍珠、心等
面状量词	面	扁平、可展开	镜子、墙、旗子、鼓等
	片	强调面积、外形薄	面包、树叶、雪花、海、草地、树林等
	张	有平面功能、可卷起展开	桌子、床、纸、照片、卡片、人民币、邮票、脸等
	块	强调体积、外形厚	豆腐、石头、蛋糕、木板、地、砖头等
体状量词	团	圆球形、杂乱、模糊	棉花、毛线、纸、火、雾、热气、和气等
	堆	堆积、数量多	土、沙、石头、木头、垃圾、作业、事等

通过展示上面的内容，可以让学生对名量词与其搭配事物之间的联系有一个全面的了解，同时也能增强学生的联想、类推能力，更好地促进量词教学。

（三）对比教学

我们知道，现代汉语中有不少量词在读音、词形或词义上比较接近，给留学生带来了很大的困扰，针对这些易混淆量词，我们最好采取对比教学的方式，让学生真正明白这些量词之间的差异，更好地帮助他们学以致用。

常见的易混淆量词可分为音似、形似与义近三大类。

1. 音似量词

有些量词的发音比较接近，甚至相同，这对于母语为拼音文字的留学生来说是一个很大的挑战，如"节"与"截"、"只"与"支"等。

对于这类量词，可以告诉学生，汉语的同音词很多，但是意义不同。同音量词的差别主要在搭配对象上，以上面两组量词为例，"节"的搭配对象是"长条形的分段的事物"，如"电池、竹子、车厢"等，也可指时间上的分段，如"课、比赛"等；而"截"的计量对象是"人为的切割后的一段物体或差距"，如"木头、水平"等。同理，"只"与"支"的区别为，前者的计量对象为"动物或动物器官，且非长条形事物"，如"猫、鸟、耳朵"；后者的计量对象为"非动物且是长条形事物"，如"铅笔、蜡烛"等。

2. 形似量词

外形上比较相似的量词在汉语中并不少见，如"副"与"幅"、"颗"与"棵"等。这类量词大都有一个共同的特点，就是声旁相同，但是形旁不同。因此，一般可以采用"形旁对比"的方式来区分这些量词的差异。如"副"与"幅"的声旁都是"畐"，二者的计量对象与形旁"刂"与"巾"密切相关。"刂"简称"立刀"，原指用来切割的工具，因此"副"所计量的事物一般是成对、成组且大都可以分开的事物，如"耳环、手套、扑克"等。"巾"的意义与巾帛、布匹等有关，因此计量的对象也是书画、布帛之类，如"画儿、书法、锦旗"等。

3. 义近量词

还有一些量词，它们语音不同，外形也无相似之处，但是在语义上比较接近，如"对"与"双"、"群"与"伙"、"个"与"位"等。对这类量词的区分，我们要从语音与字形之外寻找答案。具体来说，"对"与"双"都可以指"两个"，但前者偏重于"后天配对"，如"一对恋人、一对夫妻、一对戒指"等；而后者多用于强调"先天成双"，如"一双手、一双眼睛、一双耳朵"等。"群"与"伙"在语义上有共通之处，都可以用来计量人，但是二者所表达的感情色彩有明显的不同。前者一般具有褒义或中性的色彩，如"一群好汉、一群人"等；后者则常常带有贬义的色彩，如"一伙强盗、一伙土匪"等。"个"与"位"都可用于计量人，二者的区别主要体现在语体色彩上，前者多用于口语，有轻松、随意的意味；而后者多用于书面语，有正式、尊重的语体色彩。

三、名量词教学设计：

第十三课"这是不是中药？"量词教学设计

（一）课型

初级汉语综合课。

（二）教材

《汉语教程》（第3版）第一册（上），杨寄洲编著，北京语言大学出版社。

（三）教学对象

初级汉语水平留学生。已学过"口、个"等量词，对"数＋量＋名"结构有一定的了解。

（四）教学内容

量词"把"的语义特点与搭配对象。

（五）教学目标

1. 知识目标

掌握量词"把"的含义。

2. 能力目标

理解量词"把"与搭配对象之间的关联，并能灵活运用三个量词。

（六）教学重、难点

1. 重点

熟练使用"数 + 量 + 名"组合，并了解三个量词的本义。

2. 难点

了解"把"与其搭配对象之间的搭配理据。

（七）教学课时

1 课时。

（八）教学方法

实物展示法、情景法。

（九）教具

实物（雨伞、小刀、笔等）、教学课件、图片、卡片。

（十）教学步骤

1. 热身话题

与学生寒暄，谈一些热身话题，如"你家有几口人？""我有一个哥哥，你呢？"等。通过这种方式，让学生在头脑中回忆起汉语量词的用法。

2. 复习

复习第十二课的疑问代词与"的"的用法。

3. 学习新课

第一步：图片导入。

教师："同学们知道图片中的'伞、刀、椅子'用什么量词吗？"

一（　）伞　　　一（　）刀　　　一（　）椅子

学生："不知道。"

第二步：名量词"把"的讲解。

教师："你们看一下上面这些事物有什么共同点？"

学生："都有可以拿的地方。"

教师："回答得非常好。它们都有可以用来抓住的把手。你们看下面图片中，古代的'把'字左边像不像一个人的手呢？"

学生:"非常像。"

教师:"'把'的本义是'握住',所以量词'把'主要用来计量'有把手或是类似把手的物品'。同学们觉得还有哪些物品可以用'把'来计量?"

学生:"叉子、钥匙……"

教师:"对,'牙刷、钥匙、叉子、梳子'等有把手的物品也可以受'把'计量。'把',还可以用于计量'可用一只手抓起来的若干物品集合',这些物品往往体积都比较小。比如下面的图,从左到右依次是'一把米、一把沙子、一把糖果'。"

第三步:讨论与思考。

(1)能被"把"计量的事物都与人的哪个部位有关?

(2)是不是所有有把手的物体都要用"把"来计量呢?

第四步:总结(板书)。

表 57-2　板书

把 (量词, measure word)	1. 用于计量有"把手"的物品	伞、椅子、刀、牙刷、叉子等
	2. 用于计量一只手可以抓起的物品集合	米、沙子、巧克力、土、糖果等

4. 布置作业

找出五个可以用"把"计量的物品。

58. 怎么教"动量词"？

我们依据目前通用的对外汉语教材与《国际中文教育中文水平等级标准》"语法等级大纲"，将以下十个动量词确定为专用动量词，即"次、下、回、遍、趟、顿、番、通、场、阵"。

一、专用动量词的偏误类型

根据我们实际在留学生作业中发现的错误，我们将"专用动量词"的偏误类型分为以下几类。

（一）动量词混用

有些专用动量词在语义上比较相似，导致留学生很难区分专用动量词在具体语境中的用法。混用偏误最多的专用动量词为"次"与"回"。例如：

（1）*五个月内访问中国三回。

（2）*千年走一次。

上例中，例（1）中的"回"应改为"次"，二者虽然在绝大多数情况下可以互换，但是一般正式场合或书面用语用"次"，口语中常用"回"。例（2）中的量词一般用"回"，一方面是固定搭配；另一方面，"回"也具有"曲折迂回"的含义。

其次是"番"与"顿"的混用。例如：

（3）*昨天被老师批评了一番。

（4）*女孩对着镜子打扮了一顿后，拿着包出去了。

上例中，例（3）与例（4）中的"番"与"顿"需要互换，这与二者使用时的感情色彩密切相关，前者常用于褒义，后者多用于贬义。

此外，"遍"与"趟"之间的混用也很常见，例如：

（5）*明天我们再去一遍图书馆。

(6)*这个电脑游戏我已经玩了三趟了。

显然，例（5）与例（6）中的"遍"与"趟"互换才是符合汉语习惯的正确表达方式。

（二）语序错误

专用动量词的语序偏误是属于句法层面的错误，偏误的原因主要有两个。

1. 受名量词句法位置的负迁移影响而产生偏误

我们知道，在习得顺序上，名量词的出现要早于动量词，因此留学生在掌握了名量词的使用规则后，"数＋量＋名"结构就会在头脑中根深蒂固，这种惯性思维会在初学动量词时产生负迁移。例如：

（7）*我们每个星期三次学习汉语。

（8）*我每周三次跑步。

（9）*去年我两次去了北京。

（10）*你去超市的时候，帮我买面包一下。

观察上例不难发现，例（7）~（9）中的问题是将"数量"结构置于动词的前面了，这显然是根据名量词位置过度类推的结果。例（10）中，留学生虽然知道把动量词放在动词之后，但是当数量结构与宾语同时出现时，留学生弄不清数词、动量词、动词、宾语四者之间的顺序，从而出现错误。

2. 受母语负迁移的影响而产生偏误

我们知道，有些语言中动量词的位置与汉语中动量词的位置是相同的，母语会带来正迁移效应，如越南语与泰语也是"动＋数＋量"语序。举例如下：

（11）越南语：Ăn một lần（吃一次）

（12）泰语：ไปอีกครั้ง（去一次）

而有些语言的动量词位置与汉语存在差异，因此，受母语负迁移的影响，留学生在使用动量词时，常常会出现语序上的错误。例如：

（13）韩语：한 번 읽다（一遍读）

（14）日语：ちょっと見て（一下看）

韩语与日语都是"数＋量＋动"语序，如例（13）的意思是"读一遍"，韩语语序则表现为"一遍读",日语也是如此,类似的还有缅甸语。因此,在母语语序的影响下,留学生会出现动量词语序错误也就不难理解了。

(三)"次"的泛化

还有一个高频出现的错误是动量词"次"的过度泛化,这种现象非常普遍。例如:

(15)*请大家跟我读一<u>次</u>课文。

(16)*你等我一下,我去一<u>次</u>厕所。

(17)*昨天老师骂了我一<u>次</u>。

上例中动量词的使用都不太恰当,三例应依次改为"遍、趟、顿"。我们认为,留学生将"次"过度泛化的原因主要有以下几点:第一,动量词"次"的适用范围比较广,有点类似名量词"个",让留学生有了任何动词都可以用"次"来计量的错觉;第二,从习得顺序来看,"次"出现得最早,留学生对其印象也最为深刻,因此会将其作为首选;最后,留学生在学习一些动量词后,对它们之间的语义侧重掌握得不熟练,不清楚在具体的语境下该选择哪个量词。但不管是哪种原因,都应该引起我们的重视。

二、教学对策

与上述三种偏误类型相对应,我们提出如下教学策略。

(一)情景教学

对于留学生经常将一些近义动量词混淆使用这一常见问题,情景教学不失为一种有效的方法。具体来说,在对比一组近义动量词时,我们可以将它们置于具体的情景中去。例如,在计量一些自然现象时,"场、阵、次"是一组近义量词,我们在教授三者的区别时,可以分别给出以下三组例子。

A组:

(18)昨晚一下了一<u>场</u>大雪。

(19)深圳昨天刮了一<u>场</u>台风!

（20）格陵兰岛下了一场暴雨，带走70亿吨水！

B组：

（21）考试的时候，外面突然吹来了一阵风。

（22）总算下了一阵雨。

（23）今日市区下了一阵雪。

C组：

（24）北京今年冬天下了三次雪。

（25）这里一年只下了两次雨。

显然，上例中的"场、阵、次"都可以用来计量某些自然现象的发生次数，但是从上面三组不同的例句对比可以发现，三个动量词使用的具体场景是有区别的，"场"用于计量自然现象时，强调的是动作的量大、范围广，A组的"大雪、台风、暴雨"就是明显的例证；通过对B组的观察发现，"阵"主要强调的是动作在某一时间段内比较密集；而C组的"次"则只表示次数，与量的大小、时间的长短无关。可见，在具体情景下设置例句可以帮助学生更好地分辨近义动量词之间的异同。

（二）构式教学

与教授名量词一样，对动量词的教学也需要强调其与数词、动词之间的位置。我们知道，在对外汉语教学中，名量词往往出现得比动量词早，会对后者的学习造成一定的干扰。因此，我们必须把"动+数+量"结构作为一个构式反复强化，这样才能加深留学生对动量词的印象。

举例来说，当我们教授动量词"趟"时，除了解释这个词的意思外，我们还要将其置于"动+数+量"构式中，并把经常与它搭配的动词也一起教授。例如：

（26）我要去一趟学校。

（27）你能不能帮我跑一趟办公室？

（28）她上个月回了两趟上海。

上例中的"去一趟、跑一趟、回两趟"都是"动+数+量"结构，而且，动量词"趟"经常与位移动词搭配使用，如句中的"去、跑、回"等。了解了这一倾向性规律，可以更好地帮助留学生掌握"趟"的用法。

反之，在教授相关动词时，我们也要把计量该类动词的量词一并教授，例如：

（29）昨天爸爸骂了他一顿。
（30）他被同学打了一顿。
（31）你要好好请我们吃一顿。

在教授"打骂类、吃喝类"动词时，我们也应该把经常与它们搭配使用的动量词"顿"一起教授，久而久之，留学生就能将"动+数+量"以"构式语块"的形式储存在大脑里，便于随时输出。

（三）语义侧重教学

在留学生所有的动量词偏误类型中，"次"的泛化占有非常大的比例，这主要是因为留学生对其他动量词的掌握不够熟练，在使用过程中无法对相关近义量词进行明确的区分，从而选择回避策略。说到底，造成"次"的泛化的原因还是留学生没有把握好每个动量词的语义侧重和常用搭配对象。因此，我们在动量词教学中，要对每个动量词的核心义进行提取、归纳，并告知学生每个动量词的语义侧重与适用对象，以帮助学生达到事半功倍的效果。

我们将专用动量词的语义侧重与重点搭配对象列表如下：

表 58-1　专用动量词语义侧重与常用搭配表

专用动量词	语义侧重	常用搭配对象
次	重复、计数	可与绝大多数动词搭配，用于计数
下	短时、速度快	手部动作：打、抓、拿、提、拍、捏等 眼部动作：看、瞧、瞅、瞄、瞥等 口部动作：吃、尝、说、讲、吹等
遍	周遍、从头到尾的完整过程	"听、说、读、写、看"类
趟	出行、往返	位移类：走、跑、来、去等
回	曲折回转、循环	可与绝大多数动词搭配，用于计数

续表

专用动量词	语义侧重	常用搭配对象
顿	停顿、积量	打骂类：打、教训、骂、抽等 吃喝类：吃、喝、请、撮等
番	反复、费时、费力	观察思考类：观察、考虑、琢磨、思考等 言语行为类：讲、指责、说教、训斥、讨论等
通	无阻碍、无序	口部动作：说、讲、批评、吃、喝等 肢体动作：打、抓、抽、挠、摸等
场	范围广、面积大、人数多	自然现象类：下、刮等 文体类：演、唱等
阵	剧烈、持续、密集	声响类：唱、响、发出等 自然类：下、刮、飘等

观察上表不难发现，虽然专用动量词都是用来计量动作行为的数量，但各自有不同的语义侧重与分工。如"次"强调的是"重复、停顿"，主要用于计数；"下"侧重"短时、速度快"，"遍"侧重"周遍、从头到尾的过程"；"趟"凸显"出行、往返"；"回"虽然也是计数，但更侧重"曲折回转、循环"，多用于口语；"顿"则强调"停顿、积量"；"番"侧重"反复、费时、费力"；"通"表示"无阻碍、无序"；"场"强调"范围广、面积大、人数多"；"阵"则更侧重"剧烈、持续、密集"。

通过对这些专用动量词语义特征的区分，再辅以常用搭配对象的教学与强化练习，相信留学生会很快掌握这些动量词的用法。

三、专用动量词教学设计

第二十四课"我想学太极？"动量词教学设计

（一）课型

初级汉语综合课。

（二）教材

《汉语教程》（第3版）第一册（下），杨寄洲编著，北京语言大学出版社。

（三）教学对象

初级汉语水平的留学生。

（四）教学内容

专用动量词"遍"与"下"。

（五）教学目标

1. 知识目标

掌握动量词"遍"与"下"的语义。

2. 能力目标

培养学生"动＋数＋量"构式的意识，在合适的场景使用"遍"与"下"。

（六）教学重难点

辨析"遍"与"下"的异同。

（七）教学方法

讲授法、情景法。

（八）教学课时

1课时。

（九）教具

书、教学课件、卡片等。

（十）教学步骤

1. 复习

复习第二十三课"概数"的表达方式。

2. 学习新课

第一步：导入新课。

教师："大家好！我们已经学习了很多量词，你们能说出是哪些吗？"

学生："个、本、支、瓶、口……"

教师："回答得非常好，我们学了'一个人、一本书、一支笔、一瓶水'等。大家觉得'人、书、笔、水'是什么词呢？"

学生："名词。"

教师："对。'个、本、支'都是名词的量词，要和数词、名词搭配使用，结构是'数＋量＋名'。你们觉得'动词'有没有量词呢？"

学生："有／没有。"

教师："动词也有量词，我们看一下下面的句子。"

（1）读一遍课文。

（2）我看一下你的手机。

教师："这里的'遍'和'下'就是动量词。"

第二步：动量词"遍、下"的讲解。

教师："我们先来看一组句子。"

（3）请大家读一遍生词。

（4）老师，你能再说一遍吗？

（5）这个电影我看了三遍。

教师："大家觉得这里的'遍'是什么意思？"

学生："time（次）／不知道。"

教师："'遍'的意思是'time'，但是它强调'从开始到最后'（from beginning to the end），例如'读一遍生词'就是'从第一个生词到最后一个读完'是'一遍'；'看一遍电影'也是一样，电影从头到最后完整看完一次才是一遍，如果只看了一点儿或者看了大部分都不能算作'一遍'。"（此处可以给学生用动作或动画演示"读一遍"的过程）

学生："懂了。"

教师："注意，你们看一下动量词的位置和名量词一样吗？"

学生:"不一样。"

教师:"对,大家要记住,动量词、数词、动词要一起使用,它们的顺序是'动+数+量'结构,与名量词不一样。我们再来看一组句子。"

(6)洗一<u>下</u>(手)

(7)看一<u>下</u>黑板

(8)点一<u>下</u>头

教师:"现在请大家看一下我。(教师展示两个动作:假装洗手,以及做点头的动作)看了我刚才做的动作,你们能猜出'下'是什么意思吗?"

学生:"很快。"

教师:"对,对时间很短、很快的动作进行计量时,我们就用动量词'下'。下面请大家看几张图片,然后用'动词+数+下'说句子。"

教师:"大家说得非常好,图片表示的句子分别是……"

(9)停一<u>下</u>

(10)休息一<u>下</u>

(11)尝一<u>下</u>

(12)跳一<u>下</u>

教师:"再问大家一个问题,你们觉得'遍'和'下'的意思一样吗?"

学生:"不一样。"

教师:"是的。'下'表示'时间短、快','遍'表示'从开始到结束的完整过程'。而且,它们经常搭配的动词范围也不一样,'遍'经常与'听、说、读、写、看'类动词搭配使用,而'下'可以和大部分动词搭配。"

第三步：总结。

总结"遍"与"下"的语义和区别并板书以下内容。

表 58-2　板书

动量词	语义	搭配对象
遍	从开始到结束完整的过程	"听、说、读、写、看"类动词
下	时间短、动作快	绝大多数动词

3. 布置作业

根据要求分别写出三个句子：

（1）V. + 一遍

（2）V. + 一下

4. 教学反思

在讲解时，尽量使用动作或者动画展示，少说汉语专业词汇，精讲多练。练习形式多样化，尽量选取贴近留学生生活和学习的人物或动作作为例句。多鼓励、表扬学生，提升他们积极使用动量词的自信心。

59. 怎么教"时量词"？

一、时量词的偏误类型

时量词是对外汉语教学的难点之一，留学生在使用时经常会出现以下几类偏误类型。

（一）时量词与时间名词混淆

我们在留学生的口语或书面作业中经常会发现这样的句子：

（1）*我打算去上海旅游<u>五个天</u>。

（2）*我刚学习汉语<u>三个周</u>。

（3）*我已经来中国一个年了。

显然，上例中的画线部分都多了量词"个"。这说明，该阶段的留学生已经学习了一些名量词，对汉语数词与名词之间需要加上量词的规则有了一定的了解，但是对于时量词的量词属性还不太清楚，容易把"天、周"等时量词与名词混淆，从而导致出现"五个天、三个周"等"数词+量词+时间量词"的错误结构。

还有一种情况，就是有的词是名词和时量词兼类词，这类词作为名词使用时，其前需加上数量词修饰。例如：

（4）她回国一个月了。

（5）我感觉像等了一个世纪那么久。

上例中的"月"与"世纪"就是名词，前面都可以用数量短语"一个"计量。但是作为时量词使用时，前面只能加数词。例如：

（6）现在是六月，但街上还有人穿着毛衣。

（7）进入二十一世纪以后，来华留学生呈几何式增长。

这里的"月"和"世纪"就是时量词。

（二）同义（近义）词混淆

这类同义（近义）词主要有两类。

一是词性不同，但意义相同或相近。见下例：

（8）*我要去北京一个周。/我要去北京一个星期。

（9）*我已经等你两个点了。/我已经等你两个小时了。

上例中，"周"与"星期"是一对同义词，都是表示"七天"。不同的是"周"是时量词，前面无须再用其他量词，但是"星期"可以做名词，前面需要用数量短语来计量。"点"与"小时"也是如此，前者是时量词，因此不能说"两个点"；后者可以做名词，前面需要加上数量结构。可见，后一种用法才是正确的。

二是词性相同，且意义相同或相近。例如：

（10）*现在是十点二十八分钟。/现在是十点二十八分。

（11）*他今年十八年。/他今年十八岁。

例（10）中的"分钟"与"分"是同义词，且都是时量词，但是前者是时段量词，后者是时点量词，在表示具体某个时间点的时候，只能用"分"；例（11）中的"年"与"岁"都可表示"三百六十五天"，但是在表示年龄的时候只能用"岁"而不能用"年"。

（三）语序错误

时量短语在句子中的语序偏误也比较常见，我们先看一组例句：

（12）*我已经<u>一年</u>学习汉语了。

（13）*她上个星期生病了，在家<u>三天</u>休息了。

（14）*他比我<u>一岁</u>大。

上述三例都是因语序位置导致错误的句子。具体来说，例（12）是时量短语"一年"本应做补语，但是错放到状语的位置。正确的句子应该是"我已经学习汉语一年了"。例（13）～（14）也是如此，把应该放在补语位置的时量短语"三天"和"一岁"错放到了状语的位置。因此，正确的语序应为"她上个星期生病了，在家里休息了三天"和"他比我大一岁"。

大多数情况下，时量短语在句中以做补语为主，也可做主语、定语、谓语等。可见，"数词＋时量词"构成的时量短语在句中做句法成分时的语序确实也是留学生习得时量词的难点之一。

二、教学对策

（一）母语对比教学

印欧语系语言大都没有专用量词，对于这些语言背景的学习者进行时量词教学时，我们可以采取与母语对比教学的策略。下面我们以英汉对比教学为例探讨一下"点"与"小时"的教学策略。

汉语中的"点"与"小时"所表示的时间相似，因此留学生有时难以区分。实际上，二者在语义上有一定的区别，"点"指的是一昼夜的二十四分之一，是钟表、手表等用来计时的单位，因此其前的数字也仅限于"一到二十四",其对应的英语翻译为"o'clock";而"小时"是时段量词,"六十分钟"为一小时,其前的数字可以为任何数字,在翻译成英语时,对应的词语应是"hour"。

同理,留学生对诸如"五月"与"五个月"之间的差异也是一知半解,此时通过英语翻译就可以对二者进行简单区分,如前者的翻译为"May",而后者的翻译是"five months"。在此基础上,再告诉学生,"月"在汉语中有时量词的用法,汉语中常常使用"基数词 + 月"来表示一年中的某一个时间段,因为一年只有十二个月,因此其前的数字也只能是"一到十二";同时,"月"还有名词的用法,语义为"三十天左右的一个周期",此时需要在其前加上量词"个"。

可见,通过与学生母语的对比,可以解决一些相似时量词的区分问题,但这种方法一般多用于教学对象为初级阶段的留学生,能让他们对一些时量词有一个初步的认识,到了中、高级阶段,还需要尝试从多角度进行区分。

(二)同义(近义)时量词辨析

同义(近义)时量词混淆是造成留学生时量词偏误的最主要原因。如果不对这些时量词进行区分,留学生很难真正掌握它们的用法。我们可以尝试从以下三个方面来区分。

1. 区分词性

比如"周"和"星期",二者语义相同,但是词性不同,"周"只能做时量词,因此它的前面不能再加任何量词;但是"星期"可以做名词,在使用时,前面需加上量词"个"。

2. 区分语义

有的同义(近义)时量词词性相同,语义不同。如"分"与"分钟"都是时量词,二者的前面都不能再加上别的量词,但是二者在语义上有所区别,前者指的是"一个时点",用来回答"几点、什么时间"的问题。例如:

(15) A:现在几点?

　　　B:八点十分。

上例中的"八点十分"若换成"*八点十分钟"就是错误的句子,因为"分钟"常常指的是一个时间段，多用于回答"多长时间"的问题。例如：

（16）A：你等了多长时间了？

　　　B：我等了四十分钟。

同样，这里的"分钟"也不能换为"分"，因为这里表示的是"四十个这样的时间段"。

3. 区分使用场景

当前面两种方法都无法有效区分某组同义（近义）时量词时，我们可以给留学生列出二者的使用场景，引导学生发现二者在用法上的区别。例如：

（17）今年是 2022 年。

（18）她今年十八岁。

"年"和"岁"所表示的时间周期是相同的，但使用场景却明显不同。"年"用来表示时间，而"岁"主要用于表示年龄。当然，在一些对联或者古文中，"岁"和"年"可以互换，但对于初、中级学习者来说，没有必要去做过多扩展。

（三）强化时量补语结构

留学生关于时量词语序的偏误绝大多数都与时量补语的位置有关。因此，要纠正留学生在语序上的错误就需要强化对时量补语位置的认识。有关时量补语位置的偏误主要有以下两类。

1. 将时量补语与宾语的位置混淆

又包括"宾语为一般名词"与"宾语为人称代词"两种情况：

当宾语为一般名词时，时量补语应该放在动词后、宾语前。但留学生经常将宾语与时量补语的位置互换。例如：

（19）我今天写了二十分钟作业。

这里的"二十分钟"就是时量补语，但是很多留学生经常写成"*我今天写了作业二十分钟"。

当宾语为人称代词时，时量补语的位置与上述情况不同，此时句子结构应为"动词 + 人称代词宾语 + 时量补语"例如：

（20）你等我一分钟。

上例的时量补语"一分钟"需要放在人称代词宾语"我"的后面。

2. 离合词与时量补语的顺序

当动词是离合词时，留学生经常犯以下错误。例如：

（21）*我洗澡了二十分钟。

（22）*她睡觉了一天。

其实离合词与时量补语的顺序可以参照上面"宾语为一般名词"时的语序，即将时量补语放在离合词中间。因此，例（21）～（22）应改为：

（23）我洗了二十分钟澡。

（24）她睡了一天觉。

可见，留学生对时量补语在句中位置的掌握不够熟练是造成时量补语语序偏误的主要原因。要改变这一现状，就需要强化对时量补语与相关句法成分在句子中位置的认识，从而让学生造出语序正确的句子。

三、时量词教学设计

第二十课"祝你生日快乐！"时量词教学设计

（一）课型

初级汉语综合课。

（二）教材

《汉语教程》（第3版）第一册（下），杨寄洲编著，北京语言大学出版社。

（三）教学对象

初级汉语水平留学生。

（四）教学内容

时量词"年"与"岁"。

（五）教学目标

1. 知识目标

掌握时量词"年"与"岁"的语义。

2. 能力目标

培养学生在合适的场景使用"年"与"岁"的能力。

（六）教学重、难点

辨析"年"与"岁"的异同。

（七）教学方法

讲授法、情景法。

（八）教学课时

1课时。

（九）教具

书、教学课件、卡片等。

（十）教学步骤

1. 复习

复习第十九课生词与语法。

2. 学习新课

第一步：导入新课。

教师："同学们听说过十二生肖（Twelve symbolic animals）吗？"

学生："没有。"

教师："大家看一下这幅图片，这就是十二生肖。"

| 十二生肖 | The 12 symbolic animals |

shǔ 鼠 rat	1984 1996 2008	niú 牛 ox	1985 1997 2009	hǔ 虎 tiger	1974 1986 1998	tù 兔 rabbit	1975 1987 1999
lóng 龙 dragon	1976 1988 2000	shé 蛇 snake	1977 1989 2001	mǎ 马 horse	1978 1990 2002	yáng 羊 goat	1979 1991 2003
hóu 猴 monkey	1980 1992 2004	jī 鸡 rooster	1981 1993 2005	gǒu 狗 dog	1982 1994 2006	zhū 猪 pig	1983 1995 2007

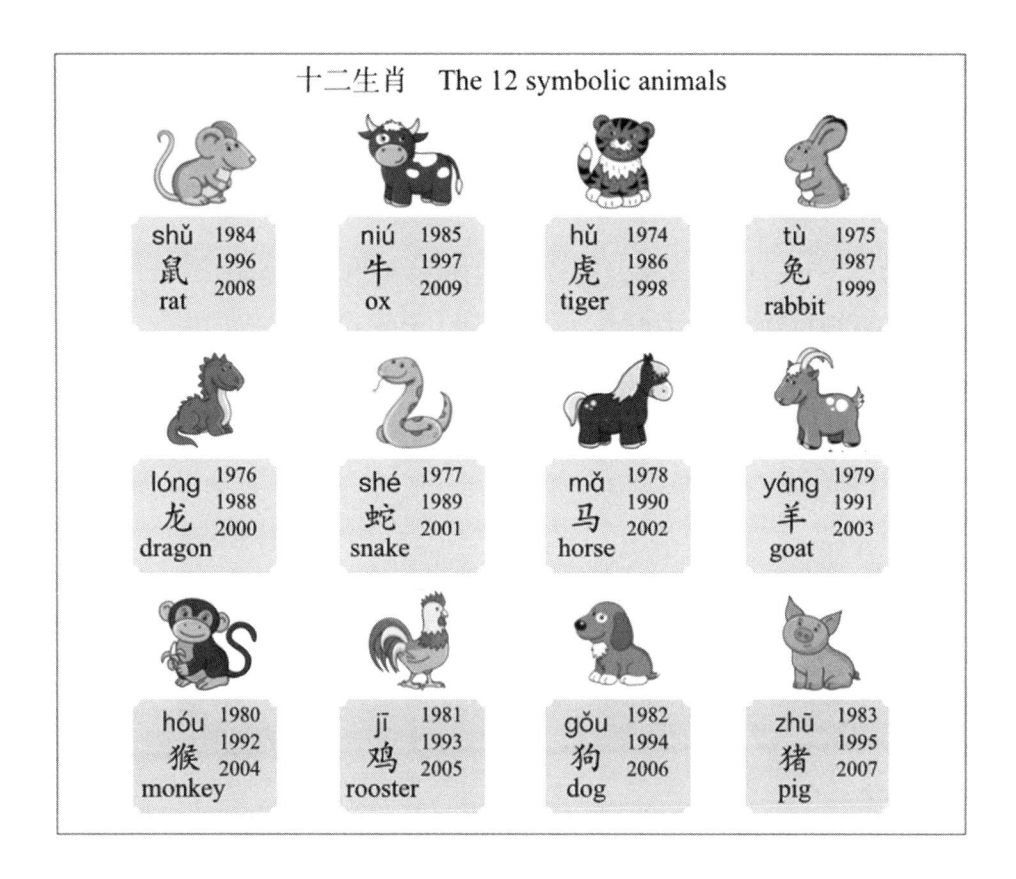

教师:"大家看第一个动物,如果你是1996年出生,你可以说,我1996年出生,我的生肖是'鼠';同样,如果你是1997年出生,你可以说,我1997年出生,我的生肖是'牛'。大家看一下自己的生肖是什么。马克,你的生肖是什么?"

马克:"我2003年出生,我的生肖是'羊'。"

教师:"非常好!马克是2003年出生的,他今年多大了?"

学生:"他19岁。"

教师:"莉娜,你的生肖是什么呢?"

莉娜:"我的生肖是'马'。"

教师:"大家说一下,莉娜多大了?"

学生:"她20岁。"

教师:"对,回答得非常好。"

第二步:"年"与"岁"辨析。

教师:"马克 2003 年出生,他 19 岁。大家觉得'年'和'岁'的意思一样吗?"

学生:"一样 / 不一样。"

教师:"'年'和'岁'虽然都是表示时间的量词,意思也比较接近,但是有明显的区别。第一,二者的适用对象不同。一般来说,生命的周期,即一个人的年龄,我们只能用'岁',如'马克今年 19 岁、我比他大一岁'等。如果只是表示'365 或者 366 天'一个周期的时间,并非指生命的周期,则一般用'年'来计算,如'现在是 2022 年、他学了三年汉语'等,只能用'年'而不用'岁'。第二,计量方式不同。'年'是以月亮运动为依据计量出来的,是阴历的时间单位,是十二个月的总和。如阴历的正月初一到十二月三十日(有时也有二十九日),即为一年。而'岁'则是地球绕太阳一周所需要的时间,是阳历的时间单位,是二十四节气的总和。所以,我们将过春节说成'过年'而不说成'过岁'。"

第三步:总结。

总结"年"与"岁"的区别并板书以下内容。

表 59-1　板书

时量词	语义	计量对象
年	阴历正月初一到腊月三十日(有时也有二十九日)	用于时间
岁	阳历的二十四节气周期	用于年龄

3. 布置作业

下例句子用"年"还是"岁"?

(1)他的哥哥今年二十五＿＿＿＿＿＿。

(2)她在 2020＿＿＿＿＿＿ 来过中国。

(3)弟弟比我小一＿＿＿＿＿＿。

(4)一＿＿＿＿＿＿有十二个月。

60. 怎么教万能量词"个"?

"个"是现代汉语中使用频率颇高的个体量词,因其搭配能力极强,很多人称之为万能量词。前贤们已对其语义特点进行了广泛的探讨,如赵元任(1979)与吕叔湘(1980/1999)将"个"视为通用类词,可用于没有专用量词的事物。朱德熙(1982)、齐沪扬(2000)等也持有类似的观点,前者指出,"个"在个体量词里使用最为广泛,几乎所有的个体名词都能用其计量;后者认为,"个"普遍适用于若干对象,与名词的组合比较自由,且语义虚化程度较强。

对于"个"的搭配范围,也有学者进行了深入的考察。如孙汝建(1996)对《现代汉语八百词》附录中的名、量词配合表进行了统计,该表共收集 144 个量词与 439 个名词,其中能与"个"搭配的名词有 159 个,约占总数的三成。随后,薛健(2006)又对何杰(2001)的附表做了详细统计,该表收录量词 204 个,名词 1273 个,能与"个"搭配的名词高达 512 个,占名词总数的四成左右。可见"个"的使用频率之高,搭配之广泛。此外,"个"的泛化问题也引起了学者们的激烈争论,支持泛化者如黎锦熙、刘世儒(1959),周荐之(1983),周国光(1996)等,持否定态度的代表性学者有司徒允昌(1991)、孙汝建(1996)等。不可否认,由于"个"意义抽象、搭配范围广、留学生使用错误频率高,"个"的泛化能在一定程度上减轻汉语学习者的负担。但我们同时也要认识到,还有相当一部分量词无法用"个"来替换或者用"个"替换后语义受损。因此,哪些量词不能用"个"来替换、限制条件是什么、"个"的适用范围有哪些等问题尚未得到妥善解决。

以往研究大都在穷尽能受"个"计量的名词或者能与"个"互换的量词上花费不少工夫。我们认为,上述做法虽有效果,但事倍功半,毕竟这些名词数量太过庞大,就像一个梭子的中间部分,即使能全部列出也无法记住。因此,我们主张"反其道而行之",即先厘清"个"与其他专用量词的区别,充分阐释"个"的语义特点,然后列出不能用"个"计量与倾向用"个"计量的少数名词,即梭子两头的部分,真正帮助学生做到学以致用。

一、"个"与专用量词互换的限制条件

虽然能用"个"来替换的量词为数众多，但显然也有一部分量词的作用是"个"无法替代的，它们与"个"在功能上有一定的互补作用。那么，到底哪些量词不能被替换？"个"与它们又有何差异呢？我们认为，万能量词"个"与不能被其替换的量词之间的区别主要存在于以下几个方面。

（一）个体与集体

名量词有个体名量词与非个体名量词的对立。"个"属于前者，其所计量的名词应为可以计数的个体事物。正如沈家煊先生（2000）所说："只有个体才是可数的，可数的事物一定是个体。"例如：

（1）一个人

（2）一个地方

上例中的"人"与"地方"都是可以单独计数的个体，由于汉语的名词没有复数形式标记，因此在表达个体的复数概念时，主要是通过词汇手段，即变换数字来表达，名词自身无须形式变化。

而集合量词是相对个体量词而言的，集合量词本身已包含了复数数量义，因此与集合量词搭配的名词一般为集体名词或者可数名词，但由于汉语名词没有数的形态变化，所以单复数在书写形式上没有差别。例如：

（3）一双鞋子

（4）一对情侣

（5）一组同学

（6）一群流氓

显然，上例（3）～（6）中的集合量词都不能换为"个"，换成"个"就无法成立或者语义存在明显差异。如汉语中没有"*一个情侣"的说法，"一个同学"与"一组同学"虽都可以说，但意义上有很大差别。可见，"集合量词"自身的数量特点决定了其不能用"个"来替换。

（二）整体与部分

"个"除了表示个体，在语义上还具有整体性的特点，这就要求其所计量的名词也应该是一个完备的整体。比如我们说"一个人、一个面包"时，指的是"整个的人或面包"，而非"人或面包的某个部分"。类似的表达如：

（7）一<u>个</u>西瓜

（8）一<u>个</u>国家

（9）一<u>个</u>礼物

上例的"西瓜、国家、礼物"所指的也都是一个整体，这与"个"的整体性语义特征是分不开的。

那么，如果我们要表达名词部分量的概念时，能不能用"个"来计量呢？答案当然是否定的。赵元任（1979）曾将部分量词单列一类，认为该类量词的形式特点与集合量词相同，但语义上相反，且很少能重叠表遍指。常见的部分量词有：

（10）一<u>块</u>蛋糕

（11）一<u>层</u>楼

（12）一<u>截</u>（儿）木头

（13）一<u>段</u>文章

这里的"块、层、截（儿）、段"都是表部分量的量词，部分量是相对于整体量而言的，一般来说，一个整体通常由若干个部分组成。比如"一个蛋糕"可以切成若干"块"，此时的"一块蛋糕"相对于"一个蛋糕"来说就是部分与整体的关系。

（三）有界与无界

沈家煊（1995）指出，事物在空间上有"有界"与"无界"的对立，这种对立反映在名词上就是可数名词与不可数名词的对立。在数量范畴的表达上，汉语与英语采用了不同的方式。比如"一把椅子"是占据一定空间的有界事物，是一个个体。椅子具有可重复性，是可数名词；而英语一般则用"不定冠词/数词+

名词"的形式来表达，即"a chair/one chair"。

在不可数名词的量的表达上，汉英则采用了相似的手段。汉语的不可数名词不能被个体量词计量，因此需要对其进行计量时，一般会采取如下两种方式。

一是"数词+度量词+不可数名词"。例如：

（14）一公斤肉

（15）一米布

二是"数词+借用量词+不可数名词"。例如：

（16）一瓶水

（17）一袋面粉

英语的不可数名词没有复数形式，不能用"-s"来标记，因此也借助类似的手段来计量。例如：

（18）a kilo of meat

（19）one meter of cloth

（20）a bottle of water

（21）a bag of flour

可见，在汉语中，可数名词是占据空间的个体，是有界的，多数情况下可以用"个"来计量；而不可数名词是无界事物，自身不具有空间形态，也不可重复，因此不能用"个"来计量。

（四）抽象与具象

"个"在语义上也具有抽象性特点，当然这里的抽象性并非是完全看不见、摸不着的含义，而是指其语义较为宽泛、不能体现明显的形状或特点。因此，一些抽象事物，或者个性不突出、外形特点不显著的事物往往倾向于用"个"来计量。例如：

（22）一个想法

（23）一个建议

（24）一个房间

（25）一个东西

上例中的名词都是抽象或特性不明显的事物，与"个"搭配具有天然的语义优势。诚如邵敬敏（1993）所言，名词能否与量词搭配，取决于双方是否符合语义双向选择的原则。

其实，关于"个"的抽象性语义特征，周国光（1996）曾有过详细的论述。周文认为，"个"的语义特点与"个"过去用来表示竹制的单位密切相关。在古代，竹子可制作为算筹，后来，一根竹筹慢慢被抽象成数学上的"一"，而表示竹筹的颜色、外形等特性的单位也被抽象为算筹的单位"个"。数学上把物体单位抽象为"个"是最概括的抽象，这也是后来"个"得以泛化的重要原因。

相较于"个"具有抽象性的语义特点，汉语的专用量词大都具有具象性的特点。这大抵与汉民族的具象性思维方式相关。我们知道，在汉语中，不论是造字还是造词，无不体现出中国人的具象思维特点，量词当然也不例外。杉村博文（2006）就曾明确指出，个体专用量词产生于事物固有的、最能说明其形象或属性的语义特征，它具有给事物分类的语义功能。

汉语中能够体现形状特征的量词数量不少，不同学者对其命名也不尽相同，如陈望道（1973）称之为"形体单位词"，邵敬敏（1993）将其称作"外形特征类量词"，石毓智（2001）称其为"形状量词"，郭锐（2002）则将其命名为"成形量词"。总之，虽然各家的名称有所不同，但核心内容是比较一致的，都是指在语义上体现形状特征的量词。常见的形状量词如：

（26）一条绳子

（27）一滴眼泪

（28）一面镜子

（29）一堆柴火

上述四例中的量词分别代表了四种不同的形状类型，例（26）是"线状"量词，类似的还有"根、支、丝"等；例（27）是"点状"量词，"粒"与"颗"也同属这一类；例（28）是"面状"量词，常见的还有"片、张、块"等；例（29）则是"体状"量词，"团"也是这一类。除了上述例子外，汉语中还有很多量词都与形状有关，不一一列举。可见，专用量词的具象性特点是中国人经验性思维方式的具体体现。这类量词一般也不能与"个"互换，否则便损失了部分语义。

（五）计数与计量

"个"作为一个个体量词，其最突出的语义特征就是忽略所计量事物的形状、性质等个性特点，只是简单地对事物进行计数。我们知道，量词具有给事物分类的语义功能，分类本质上就是范畴化，范畴化是人类认知世界的基础。世上的事物复杂繁多，只有通过范畴化，才能将它们分门别类，便于我们认识与探索。"个"就用来对事物进行最基本的分类，是最基础的范畴化。具体来说，我们看到的物品在形状、大小、颜色等方面可能千差万别，但只要可以对其进行单独计数，那么我们就可以忽略这些外在的特征，用"个"来对其进行计量。这就是"个"的范畴化功能，也就是陈望道（1973）所说的量词的"划界限"功能。例如：

（30）一<u>个</u>人

（31）一<u>个</u>苹果

（32）一<u>个</u>建议

（33）一<u>个</u>团队

（34）一<u>个</u>暑假

（35）一<u>个</u>小区

观察上例可以发现，"个"既可以用来计量人，也可以计量事物；既可以计量具体名词，也可以计量抽象名词；既可以计量时间，也可以计量地点。其能计量的范围非常广泛，而且所计量的事物在形状、特性等方面没有多少共同之处，应该说，此时"个"并非是用来凸显所计量名词的个性特征的，恰恰相反，"个"忽略事物的个性，单单发挥量词计数的功能。

有些量词是单纯用来计量的，我们称之为度量衡量词，度量衡量词是指用于计量物体长短、容积、轻重等单位的量词。从跨语言视角来看，几乎每种语言都有此类量词，毕竟每个国家或民族都需要对事物的长度、重量、面积等计量单位进行统一的规范，以适应对内或对外经济交流的需要。这些度量衡量词就不单单是用来计数，而是精确的计量。例如：

（36）一<u>尺</u>布

（37）一<u>升</u>汽油

（38）一<u>斤</u>橘子

（39）一<u>亩</u>地

上例中，例（36）～（39）中的量词分别用来计量长度、容量、重量与面积，是对事物精确的量化，此时，这些量词也无法用表示计数的"个"来替换，否则就会发生语义改变，甚至不合语法。试比较"一个橘子"与"一斤橘子"、"*一个汽油"与"一升汽油"，前者虽可以替换，但意义发生了很大的改变，后者用"个"替换后显然不合法。

（六）随意与庄重

"个"的语义比较抽象、笼统，能与其搭配的名词范围也极为宽泛，而"个"的语义泛化在一定程度上离散了其与所计量名词的关系，这就导致了"个"在感情色彩上往往是随意的，不够庄重的。试比较：

（40）一<u>个</u>教授／一位教授

（41）一<u>个</u>雕像／一尊雕像

（42）一<u>个</u>好汉／一条好汉

上例中右列中使用的专用量词常常具有比较庄严的感情色彩，左列中的通用量词"个"则比较随意。以"位"与"个"为例，前者与指人名词组合时是表示对该人物的尊称，如"一位前辈、一位科学家"等；而量词"个"则显得较为随意、自由，有时甚至显得不够礼貌。

随意与庄重色彩在语体上则表现为口语与书面语的对立。孙汝建（1996）曾做过统计，"个"在口语中（尤其是在对话语体中）出现的频率要远高于书面语体，而在书面语内部，文艺语体中出现"个"的频率又大大超过了政论、科学等语体，毕竟艺术来源于生活，文艺语体更接近现实生活中口语化的语言。例如：

（43）一<u>个</u>公司／一家公司

（44）一<u>个</u>大厦／一幢大厦

（45）一<u>个</u>骆驼 / 一峰骆驼

不难察觉，左列中的例句都具有口语化的特点，右列则有明显的书面语体风格。一般情况下，在口语语体中，说话者因语言环境轻松，无须对量词与名词之间的选择做出深入思考，在不影响语义的情况下，"个"一般会作为优先选项。从某种程度上说，这也符合语言的经济性原则。而书面语受到文体与受众的限制，讲究的是语义的精确性与语言的形象性，高频率使用专用量词也就不难理解了。

可见，感情色彩的随意与庄重也是"个"与一些专用量词不能互换的原因之一。

通过以上六个方面的对比分析可以发现，"个"与其他专用量词在互换时存在明显的限制条件，专用量词与"个"在语义上对立、功能上互补，共同构成了汉语的名量词系统。同时，我们也根据上述内容归纳出量词"个"的语义特征，即［＋个体；＋整体；＋有界；＋抽象；＋计数；＋随意］，专用量词与"个"的语义特征契合度越高，可以被替换的可能性也就越大，使用起来就越自然。

二、量词"个"与名词之间的排斥性与倾向性

现代汉语中，大多数可数名词都可以同时用"个"与专用量词来计量，但这部分名词不是我们关注的对象，我们在意的是哪些名词排斥量词"个"、哪些名词倾向用"个"来计量。这些名词对于"个"的研究有着重要的价值。

（一）排斥使用"个"计量的名词

根据上文，我们知道，有些量词不能与"个"进行互换。同理，一些名词因语义或语用的原因，也排斥使用量词"个"来计量。主要有以下几类：

第一类是集体名词。这里的集体名词指的是自身包含着复数量的名词，吴长安（2006）称之为"绝对复数名词"。这些词语所隐含的数量与"个"表示单个个体的语义特征相抵牾，因此不能用"个"来计量。例如：

（46）*一<u>个</u>夫妻

（47）*一<u>个</u>双胞胎

上例中"个"的使用显然不对，因为"夫妻"与"双胞胎"自身都隐含了"二"的数量，属于集体名词，改为"一对夫妻、一对双胞胎"才是正确的表达。

第二类是不可数名词。不可数名词都是无界的，无法进行单个重复计数，而"个"的主要作用是来计量有界的可数名词，因此，不可数名词也排斥"个"的使用。例如，下列搭配就不合法。

（48）*一个水

（49）*一个牛肉

"水"和"牛肉"是典型的不可数名词，无法用"个"计量。那么，我们要用什么量词来计量不可数名词呢？主要有两种途径：一是使用度量衡量词，如上例中的"*一个水、*一个牛肉"可换为"一升水、一斤牛肉"；二是借用容器量词来计量，如可将"*一个水、*一个牛肉"改为"一瓶水、一碗牛肉"。

第三类是具有特殊附加义的名词。这里的附加义可以指形状，也可以指褒贬，还可以指语体、文化内涵等。例如：

（50）一片面包

（51）一位英雄

（52）一宗罪

上述三例分别代表三种类型，"片"含有"外形薄"的附加义，"位"是尊称，"宗"则具有明显的书面语体色彩。因此，若将它们都换为"个"，其中的附加义也就不复存在了。

（二）倾向使用"个"计量的名词

我们这里选择了"倾向使用"的表述是为了使语言严谨，因为语言学界一直信奉"说有易，说无难"的金科玉律。实际上，汉语中有些事物自身在外形、性状等方面没有明显的个性特点，没有合适的专用量词与之匹配，于是只能倾向于将同样具有抽象语义特征的量词"个"来作为第一或唯一选择。从这个意义上讲，说是"强制使用"也不为过。

倾向使用"个"计量的名词主要有以下几类。

1. 抽象概念名词

抽象概念名词所代表的事物一般不是看得见、摸得着的实体。石毓智（2001）指出，抽象名词虽不具有维数，但它们在我们的想象空间里也是一个个具有离散性的东西。石文的观察是有道理的，我们可以通过隐喻机制将抽象名词所代表的事物看成一个个实体，从而用量词来计数。而且"个"所具有的"抽象性"语义特点也正好与之相匹配。需要注意的是，抽象名词也可以分为很多小类，倾向于用"个"计量的抽象概念名词主要有以下几类。

一是"意识类"名词。例如：

（53）一<u>个</u>念头

（54）一<u>个</u>概念

（55）一<u>个</u>常识

二是"策略类"名词。例如：

（56）一<u>个</u>办法

（57）一<u>个</u>主意

（58）一<u>个</u>阴谋

三是"符号类"名词。例如：

（59）一<u>个</u>名字

（60）一<u>个</u>题目

（61）一<u>个</u>外号

上述几类抽象概念名词语义比较笼统，无法清晰地对其特点进行描述，当对这些抽象事物进行计量时，我们更倾向于用量词"个"，这也体现了"个"自身的抽象性内涵。

2. 整体单位名词

这里的"整体单位名词"是指那些总是被作为一个整体单位来使用的名词。这类名词主要有两大类。

第一类是集合名词。集合名词大都作为一个整体来呈现。见下例：

（62）一<u>个</u>团队

（63）一<u>个</u>组织

（64）一<u>个</u>班级

（65）一<u>个</u>国家

上例中，"团队、组织、班级、国家"都是一个完整性的单位，是一个不可分割的整体。这与"个"所具有的"整体性"语义特征不谋而合。

第二类是时、地名词。时间名词和地点名词也大都是以整体单位出现的。例如：

（66）一<u>个</u>寒假

（67）一<u>个</u>小时

（68）一<u>个</u>地方

（69）一<u>个</u>停车场

上例中，"寒假"与"小时"是时间名词，"地方"与"停车场"则是地点名词。这些名词表示的都是一个完整的时间段或者一块完整的地方。这与"个"的语义特征非常吻合，因此也倾向于用其来计量。

3. 立体事物名词

立体事物都是占据三维空间的物体，这些物体一般没有专用的量词，也倾向用"个"来计量。必须要说明的是，并非所有的立体事物都用"个"来计量，只有那些三个维度相同或者大致相同的物体才适用"个"。例如：

（70）一<u>个</u>篮球

（71）一<u>个</u>西瓜

（72）一<u>个</u>鸡蛋

（73）一<u>个</u>魔方

上例中，名词所代表的立体事物有的是圆体，有的是方体，还有的是椭圆体，三个维度大致相当。对它们进行单个计量时，只能用量词"个"。

还有一类立体事物比较特别，其内部是中空的，也就是我们常说的容器名词。它们也同样需要用"个"来计量。例如：

（74）一<u>个</u>箱子

（75）一<u>个</u>碗

（76）一<u>个</u>书包

（77）一个瓶子

这类容器名词大都可以借用为量词，如"一箱水、一碗面"等。因此为避免混淆，当它们作为名词使用时，往往倾向于用"个"来计量。

通过上述分析，不难看出，"个"虽然在汉语量词中有着"显赫"的地位，但受语义的制约，不少专用量词不能用其来替换。那么，这样一个"万能量词"在英语中有没有对应的成分呢？

前文曾提到，英语中不但有量词，种类也相对比较丰富。例如，a kilo of apples（度量衡量词），a cup of coffee（容器量词），a pair of shoes（集合量词），a few friends（不定量词）等。可见，英语拥有除了个体量词之外的其他所有类别量词。因此，严格地说，英语只是缺少个体专用量词。

进一步对比汉英量词系统可以发现，汉英两种语言在个体专用量词的位置上采用了不同的方式，最直观的表现就是，汉语中能用"个"的地方，英语中基本都不使用量词。我们猜测，大概是英语认为个体专用量词是无标记的，因此采用零形式，而除计量外还需要特殊说明的量词，如度量衡、容器、集合、不定量量词等，则是有标记的，需要特别加以说明。从这个意义上说，吕叔湘（1942）认为"个"是个"填空子的单位"，是极有见地的。

汉英为什么在个体专用量词上采用了不同的形式呢？我们认为这可能是不同民族基于历史文化及其思维方式所做的选择，英语选择了"零形式"，而汉语选择了"个体专用量词"。这就好比我们选择了表意汉字，英语选择了表音文字，动因是一致的。

三、量词"个"的偏误类型

我们通过对北京语言大学 HSK 动态作文语料库进行检索、统计后发现，留学生使用量词"个"的偏误类型主要有以下四种。

（一）"个"的遗漏

对于英语母语者来说，遗漏量词"个"是最常见的偏误类型之一。因为英语中没有专用个体量词，在表达数量概念时，一般使用"a/an + 名词"表示单数，名词后加上"s/es"表示复数。因此，英语母语者在汉语学习初级阶段时，经常忘记汉语数词与名词之间需要使用量词的语法规则，尤其是常遗忘量词"个"。因为英语中也存在集合量词、度量衡量词、部分量量词等，但是缺少像"个"一样的通用个体量词。例如：

（78）*我有三好朋友。

（79）*教室里有一人。

（80）*我吃了一苹果。

上述三例都缺失了量词"个"，这显然是受母语负迁移的影响。"个"的遗漏大多出现在初级学习者身上，随着汉语水平的不断提高，这种现象会大幅度减少。

（二）"个"的泛化

汉语量词数量众多，尤其是个体量词，其用法也较为复杂。有的量词只适用于计量某一种特定的对象，如"一户人家、一封信"中的"户、封"等；而有的量词则可以适用于多种计量对象，如"一条裤子、一条路、一条短信、一张床、一张脸"中的"条、张"等。因此，当留学生难以清楚地分辨什么情况下该用哪些量词时，便倾向于使用计量范围较广的万能量词"个"来代替其他量词，从而导致"个"的泛化。"个"的泛化主要分为两种情况。

一种是汉语初学者掌握的量词数量较少，在不知道该用什么量词时，一律选择量词"个"。这是一种较为常见的"懒人"量词使用法，一定程度上受到了中国人在口语中对量词"个"的使用较为随意因素的影响。例如：

（81）*我刚才吃了四个西瓜。（块）

（82）*我要一个面条儿。（碗）

上例中的"个"应依次更换为"块"与"碗"，而留学生对部分量量词与借用量词不够熟悉，所以才使用"个"来代替。

二是学习者已经掌握了一定数量的量词，但是分不清"个"与其他专用个体量词的区别，因此选择了在学习中较早出现、语义比较宽泛的量词"个"，这是汉语学习者常见的求稳、怕错的保守做法。例如：

（83）⁇一个教授

（84）⁇一个鸡

上例中的"⁇"号代表这种说法接受度不高，应改为"一位教授、一只鸡"才是完整、正确的表述。现代汉语中，能用来计量动物的量词较多，如"头、只、条、匹"等，留学生容易混淆这些量词所计量的对象，索性就用"个"来代替。

不管如何，上述两种"个"的泛化现象都是对"个"的语义掌握不够熟练所致。

（三）"个"的误加

"个"的误加是指在不需要使用量词的情况下强行加上量词"个"，导致出现偏误的现象。严格地说，"个"的误加其实也是"个"过度泛化的一种体现，主要也有两种情况。

一是在数词与时量词之间加上量词"个"。例如：

（85）*我等了你三个分钟。

（86）*他已经来中国一个年了。

时量词对于留学生来说是一块硬骨头，他们经常把时量词与时间名词混为一谈，不明白为什么"一个月、一个星期"中的"月"和"星期"需要使用量词，而"分钟"和"年"却不需要，所以在数词与时量词之间又加上了一个量词"个"，造成偏误。

二是在特殊复数单位后使用量词"个"。例如：

（87）*我有俩个中国朋友。

（88）*他有仨个哥哥。

汉语中，"俩、仨"这样的特殊复数单位已经同时包含了"数"与"量"，后面无须再使用量词。换言之，"俩"就等于"两个"，后面再加上"个"显然多余。

（四）"个"的错序

"个"的错序是指留学生知道在某个语言结构中需要使用量词"个"，但是没有将其放在正确位置的一种偏误现象。"个"的错序也常常表现为以下两个方面。

一是将数量词置于名词之后。这类偏误经常出现在泰国、韩国、日本等国家留学生的作业中。例如：

（89）*手机一<u>个</u>（โทรศัพท์มือถือหนึ่งเครื่อง）

（90）*手机三<u>个</u>（핸드폰 세 개）

（91）*苹果一<u>个</u>（リンゴ1個）

上例中，留学生都把名词放在了数量结构之前，这与汉语的语序不相符。出现此类偏误也是受其母语语序的影响，因为在泰语、韩语、日语等语言中，数量结构位于所计量的名词之后，括号中就是三种语言相对应的表达。

二是包含量词的多个定语语序的错乱。例如：

（92）*她是漂亮的<u>一个</u>姑娘。

（93）*很好的<u>一个</u>朋友

这类偏误往往发生在名词受多个定语修饰时，学生分不清定语的排列顺序，于是将数量结构与其他定语的顺序胡乱排列。实际上，数量结构应位于修饰语的最外层，即上例应改为"她是一个漂亮的姑娘、一个很好的朋友"。

综上，"个"的遗漏、"个"的泛化、"个"的误加，以及"个"的错序是留学生在使用量词"个"时常犯的四种错误。

四、留学生"个"的偏误的原因分析

那么，造成上述四种偏误类型的原因是什么呢？我们认为，可以归纳为以下两点。

（一）母语负迁移

上文曾提及，英语中没有专用个体量词，在计量可数名词时，单数采用"a/an + 名词"的形式，复数则采用"数词 + 可数名词 + s/es"的形式，如"a person, two apples"等。在计量不可数名词时，则直接用"数词 + 不可数名词"的形式，如"five fish"等。因此，受母语负迁移的影响，英语母语学习者的大脑中一般没有"数词 + 量词 + 名词"的概念，在表达相应的数量结构时，容易将母语的表达习惯直接迁移到汉语中来，造成个体量词的遗漏。

此外，"个"的错序也大都是母语负迁移造成的。从语言类型学角度来说，有的语言中数量短语修饰名词时，需放在名词之前，如汉语、越南语等；有些语言数量短语则要置于名词之后，如泰语、韩语、日语等。因此，受母语负迁移的影响，泰、韩、日三国学生在"个"与名词的语序上经常出现偏误，当然这类偏误也涉及其他个体专用量词，即常把"数词 + 个体量词 + 名词"写成"名词 + 数词 + 个体量词"结构。

可见，母语负迁移是造成"个"的遗漏与"个"的错序的主要原因。

（二）对"个"的语义特点与计量对象掌握不够熟练

"个"的语义比较宽泛，在名词的选择上也较为自由，既可以计量人，也可以计量物；既能计量具体事物，也能计量抽象事物，还可以与相当一部分专用个体量词互换。这就导致留学生会误以为"个"与名词的搭配没什么限制，是一个通用万能量词。

实际上，我们在上文已经说明，对于所计量的名词，"个"有一定的选择限制，也有自己独特的语义特征，即 [+ 个体；+ 整体；+ 有界；+ 抽象；+ 计数；+ 随意]。换言之，当被计量的名词与上述语义特征相符时，我们才倾向于使用量词"个"；反之，如果名词的语义特征与"个"的语义内涵相左，便不能用"个"来计量。"个"的泛化与"个"的误加两种偏误类型大都与留学生没有熟练掌握"个"的语义特征有关。

此外，对"个"的计量范围不够明确也是造成"个"的泛化与误加的原因之一。如果不考虑特殊的语用功能，大部分的个体名词可以同时被专用量词与"个"来计量。需要注意的是，还有一部分只能用"个"计量的名词，如意识、策略、符号类抽象名词，整体单位名词，立体事物名词等。只有熟练掌握了"个"的计量对象范围，才能更加自如地使用"个"。

五、"个"的教学策略

针对上述四种"个"的偏误类型，我们归纳了几种针对性的教学策略。具体如下：

（一）国别教学

我们知道，不同国家或母语背景的留学生在习得量词时出现的偏误类型常常具有规律性的差异，这就需要我们充分考虑到母语迁移的因素，适当地分国别进行教学。

对于母语为印欧语系的留学生来说，"个"的遗漏与"个"的泛化是比较常见的偏误类型，主要原因就是印欧语系中缺少个体量词，受母语影响，他们头脑中没有"数词＋个体量词＋名词"的概念，因此经常会出现两个极端现象，忘记使用"个"或者一律使用"个"。对于这部分留学生来说，第一，需要解释清楚汉语与印欧语系语言在数量表达上的差异，即有复数形式的语言与有个体专用量词的语言属于两种不同的数量表达系统，二者是不兼容的。第二，强化"数词＋量词＋名词"格式。在汉语中，不论名词是否可数，表达事物的数量都需要使用该格式。具体来说，名词为可数时，使用"数词＋个体量词＋可数名词"格式；为不可数名词时，则采用"数词＋度量衡量词／借用量词＋不可数名词"格式。

对于韩国、日本等国家的学生来说，"个"的错序出现频率较高，也是因为他们母语中"数量名"之间的顺序与汉语不同。对于这部分学生，一定要强调汉语数量短语需放在所计量的名词前，而非像韩语、日语一样置于名词之后，经过一段时间的训练，绝大部分学生可以改正过来。

也有些语言中的量词的位置与汉语相似，如越南语、马来语等，这对越南、马来西亚留学生学习量词"个"有一定的积极作用，因此只需要稍加引导就好。

（二）强化"个"的语义特征与计量范围

造成留学生"个"的泛化与"个"的误加的最根本原因之一是对"个"的语义特点与计量范围不够熟悉，因此在"个"的教学过程中，必须要强化这方面的认识。若要留学生真正掌握量词"个"的用法，就需要明确告知学生"个"的语义特征，然后列出不能被"个"计量的名词与倾向用"个"计量的名词，如此一来，剩下的部分就是既能用"个"计量也可用专用个体量词计量的名词，这部分反倒无须下太多功夫。

我们将"个"的语义特征与计量范围列表如下：

表 60-1 "个"的语义特征与计量范围表

"个"的语义特征	[+个体；+整体；+有界；+抽象；+计数；+随意]
不能用"个"替换的量词	集合量词：如"双、队、堆、批"等 度量衡量词：如"斤、元、米、尺"等 容器量词：如"桶、杯、碗、缸"等 具有特殊附加义的量词：如"丝、滴、团、尊"等
倾向用"个"计量的名词	抽象概念名词：如"愿望、建议、绰号"等 整体单位名词：如"地区、部门、暑假"等 立体事物名词：如"铅球、圆锥、盒子"等

通过对"个"的语义特征与计量范围的集中展示，再加上多次的比较辨析，并辅以针对性的强化练习，相信留学生会很快掌握"个"与其他专用个体量词的区别。

（三）探寻背后的认知动因

"个"的错序也是比较常见的偏误类型，"定语顺序的排列错误"就是其中之一。怎样才能让留学生对汉语中"包含数量短语的多项定语"正确排序呢？那就必须要给学生讲清楚汉语句法所遵循的"距离象似性"原则。"距离象似性"是指"语言符号之间的距离对应于它们之间的概念距离"。（参见 Haiman，1983）具体来说，概念距离相近，语符距离也就越接近。在思考时，本就容易放在一起的两个词，共现的可能性较大。例如，中国学生在学习英语时应该还记得如下题目：

（94）A. the famous delicious Italian pepperoni pizza

B. *the Italian delicious famous pepperoni pizza

C. *the famous pepperoni delicious Italian pizza

D. *the pepperoni delicious famous Italian pizza

上题的正确答案为"A",英语老师在解释为什么这样排序时通常归因于为"习惯用法",并总结出一个万能公式,即多项定语的顺序为:数量 + 评价 + 特点 + 产地 + 成分 + N。

公式本身没有问题,但是用"习惯用法"来解释似乎说不过去,因为这种排序有其背后的认知动因。在多项定语的排列顺序上,汉语与英语需要遵循相同的"距离象似性"原则:即主观性越强,与名词的距离越远,位置越靠左;客观性越强,与名词的距离越近,越靠近名词。

例如,在"一个漂亮的小女孩儿"这个句子中,数量短语"一个"中的数字可以被不同的数字来替换,主观性最强。需要说明的是,这种主观性是相对的,比如"漂亮"相对于定语"小"和"女"来说,主观性更强,因为"漂亮"在不同人的心目中有不同的标准;而"小"却相对清晰的标准,比如"十岁以下我们可以称之为小孩",一般来说,十多岁再这样称呼就不太合适了;"女"的主观性最弱,客观性最强,毕竟人只有男女两种性别之分,因此离中心语"孩儿"的距离最近。

通过对"距离象似性"原则的阐释与教学,让学生理解造成这种顺序背后的认知原因,不但知其然,还要知其所以然,比死记硬背公式效果应该会好得多。

六、万能量词"个"的教学设计

第七课"你吃什么?"量词"个"教学设计

(一)课型

初级汉语综合课。

(二)教材

《汉语教程》(第3版)第一册(上),杨寄洲编著,北京语言大学出版社。

（三）教学对象

初级汉语水平的留学生。

（四）教学内容

量词"个"的语义特点与搭配对象。

（五）教学目标

1. 知识目标

掌握"个"的汉字书写形式与语义特点。

2. 能力目标

在合适的场景使用量词"个"。

3. 文化目标

了解"个"所蕴含的文化意义。

（六）教学重、难点

1. 重点

"个"的语义特点。

2. 难点

"个"的适用范围。

（七）教学方法

讲授法、情景法。

（八）教学课时

1课时。

（九）教具

书、教学课件、卡片等。

（十）教学步骤

1. 复习

复习第六课的生词与内容。

2. 学习新课

第一步：导入新课。

教师："大家好！你们已经来中国四个月了，说一说你们有几个中国朋友啊？"

学生A："我有一个中国朋友。"

学生B："我有三个中国朋友。"

教师："非常好，我们今天就要来学习一下量词'个'。"

第二步：讲解量词"个"的用法。

教师："你们知道什么时候可以用量词'个'吗？"

学生："一个人，一个朋友。"

教师："很好。'个'是一个个体量词，所以只有可数名词才能用'个'计量。除了'人'和'朋友'以外，还有一些事物也需要使用'个'计量。大家看几幅图片。"

教师："大家看这些东西有什么共同点呢？"

学生："都是圆的。"

教师："回答得非常棒，一些圆形或者类似圆形的事物我们可以用'个'来计量，如上图的'一个西瓜、一个篮球、三个包子、一个鸡蛋'等。你们还能举出一些例子吗？"

学生："一个馒头，一个苹果，一个足球……"

教师："大家说得都非常好，我们再来看几张图片。"

教师："这些物体也都可以用'个'来计量，你们想想它们有什么共同特点？"

学生："都可以放东西。"

教师："非常棒，这些东西都是容器，而且它们本身也可以借用为量词，比如'一杯茶、一箱苹果、一包书、一瓶水'等。所以当它们用作名词时，一般只能用'个'来计量，如'一个杯子、一个箱子、一个书包、一个瓶子'。大家听懂了吗？"

学生："听懂了。"

教师："好的。还有一些词语表示的概念是一个整体，也大都用'个'来计量。例如，'一个国家、一个城市、一个冬天、一个学期、一个家'等。因为'个'含有'整体'的意思。"

学生："好的，明白了。"

教师："接下来的内容越来越难了。还有一些更抽象的，看不见、摸不着的东西也要用'个'来计量。例如'一个想法、一个主意、一个阴谋、一个绰号'等。你们看，当名词为'意识、策略、符号'等几类抽象名词时，由于这些名词的语义抽象、笼统，没有鲜明的特征，因此也用'个'来计量。现在大家思考一下，是不是所有的名词都可以用'个'来计量呢？"

学生："当然不是。"

教师："没错，以下几种情况一般就不能用'个'来计量。第一是集体名词，这些名词本身就隐含了大于一的数量，而不是一个个体。因此我们不能说'一个夫妻、一个父母'等。二是不可数名词，这类名词无法单独计数，如我们不能说'一个汽油、一个羊肉'等。三是具有特殊附加义的名词，如'一位领导人'一般不说成'一个领导人'，因为'领导人'隐含了职位高、受人尊重的附加义。"

学生："明白了。"

第三步：总结。

总结"个"的语义特征、适用范围与排斥对象并板书。

表 60-2　板书

量词	语义特征	适用范围	排斥对象
个	[＋个体；＋整体；＋有界；＋抽象；计数；＋随意]	1. 抽象概念名词 2. 整体单位名词 3. 立体事物名词	1. 集体名词 2. 不可数名词 3. 特殊附加义名词

3. 布置作业

判断对错并说明原因。

（1）一个足球（　　）

（2）一个儿女（　　）

（3）一个碗（　　）

（4）一个可乐（　　）

（5）一个班（　　）

（6）一个鸡肉（　　）

参考文献

步连增（2011）语言类型学视野下的汉语量词研究，山东大学博士学位论文。

操姗姗（2020）汉日身体器官量词对比研究，辽宁师范大学硕士学位论文。

曹美爱（2017）缅甸学生的汉语量词习得与教学研究，中央民族大学博士学位论文。

曹杨（2020）对外汉语教材的量词编排研究——以《成功之路》为例，四川师范大学硕士学位论文。

常纯民（1980）时间量词初探，《北方论丛》第3期。

陈孟伟（2020）汉韩量词对比及对韩量词教学研究，大连外国语大学硕士学位论文。

陈秋香（2021）越南学生习得名量词"只、头、条"的偏误分析及教学对策，辽宁师范大学硕士学位论文。

陈婉秋（2020）对外汉语时量词教学研究，四川师范大学专业硕士学位论文。

陈望道（1973）《论现代汉语中的单位和单位词》，上海：上海人民出版社。

陈玉洁（2010）《汉语指示词的类型学研究》，北京：中国社会科学出版社。

程荣（1996）量词及其再分类，胡明扬主编《词类问题考察》，北京：北京语言文化大学出版社。

崔健（2010）量词的功能差异和词类地位，《汉语学习》第6期。

邓思颖（2012）再说"年、月、日"，《语言教学与研究》第2期。

丁声树、吕叔湘、李荣等（1961）《现代汉语语法讲话》，北京：商务印书馆。

樊中元（2002）汉语空间义量词考察，《湖南师范大学社会科学学报》第6期。

房玉清（2001）《实用汉语语法》（修订本），北京：北京大学出版社。

高鸽（2021）对外汉语教材中的名量词编排分析——以《发展汉语》《汉语教程》两部教材为例，烟台大学硕士论文。

猴瑞隆（2006）认知分析与对外汉语示形量词教学——对外汉语量词教学个案研究系列之一，《云南师范大学学报》（对外汉语教学与研究版）第3期。

关英伟（1990）略论积式复合量词，《镇江师专学报》（社会科学版）第2期。

过国娇（2016）汉语借用名词的动量词研究，上海师范大学博士学位论文。

郭锐（2002）《现代汉语词类研究》，北京：商务印书馆。

郭世华（2020）现代汉语名量词超常规搭配的认知研究，中央民族大学硕士学位论文。

郭先珍（2002）《现代汉语量词用法词典》，北京：语文出版社。

郝莹（2017）浅析初级阶段的俄罗斯学生量词偏误及对策，《辽宁工业大学学报》（社会科学版）第 3 期。

胡裕树（1981）《现代汉语》（增订本），上海：上海教育出版社。

黄伯荣、廖序东主编（2007）《现代汉语》（增订四版），北京：高等教育出版社。

黄典（2016）对留学生处所量词"间、家、所、座"的偏误分析及教学建议，广东外语外贸大学硕士学位论文。

黄玲（2019）人称个体量词"个""位""名"与对外汉语教学，湖南师范大学硕士学位论文。

何杰（2000）《现代汉语量词研究》，北京：民族出版社。

惠红军（2011）《汉语量词研究》，成都：西南交通大学出版社。

蒋颖（2006）汉藏语系名量词研究，中央民族大学博士学位论文。

靳杰杰（2021）汉语动物量词"只、头、条、匹"的偏误分析考察——基于暨南大学华文学院中介语语料库的考察，安阳师范学院硕士学位论文。

黎锦熙（1924）《新著国语文法》，北京：商务印书馆。

黎锦熙、刘世儒（1959）《汉语语法教材》，北京：商务印书馆。

李计伟（2010）论量词"根"的形成与其认知语义的多向发展，《语文研究》第 3 期。

李琪文（2021）《发展汉语》和《博雅汉语》初中级综合教材量词编写比较研究，山东师范大学硕士学位论文。

李宇明（2000）《汉语量范畴研究》，武汉：华中师范大学出版社。

李行健主编（2010）《现代汉语量词规范词典》，石家庄：河北教育出版社。

李知恩（2011）量词的跨语言研究，北京大学博士学位论文。

刘世儒（1965）《魏晋南北朝量词研究》，北京：中华书局。

刘永静（2016）汉语动量词认知研究——个案分析，山东大学博士学位论文。

刘月华、潘文娱、故桦等（2001）《实用现代汉语语法》（增订本），北京：商务印书馆。

陆俭明（1987）说"年、月、日"，《世界汉语教学》创刊号。

陆俭明（2001）现代汉语时量词说略，北京大学中文系《语言学论丛》编委会编《语言学论丛》（第二十三辑），北京：商务印书馆。

吕叔湘（1942/1982）《中国文法要略》，北京：商务印书馆。

吕叔湘主编（1980/1999）《现代汉语八百词》，北京：商务印书馆。

吕叔湘、李荣（1961）《现代汉语语法讲话》，北京：商务印书馆。

罗日新（1986）从名（或动）、量的搭配关系看量词特点，《辽宁师范大学学报》第 2 期。

麻爱民（2011）从认知角度看汉语个体量词"口"的产生与发展，《湖北社会科学》第 5 期。

马庆株（1990）数词、量词的语义成分和数量结构的语法功能，《中国语文》第 3 期。

孟繁杰、李焱（2014）量词"块"的产生及其发展演变，《宁夏大学学报》（人文社会科学版）第 3 期。

娜塔红（2019）汉泰语个体量词比较研究，大连理工大学硕士学位论文。

倪宝元（1984）炼句三题，《杭州大学学报》（哲学社会科学版）第 4 期。

潘康燕（2016）汉语近义名量词"栋"与"幢"辨析，《广西民族师范学院学报》第4期。

齐沪扬（2000）《现代汉语短语》，上海：华东师范大学出版社。

杉村博文（2006）量词"个"的文化属性激活功能和语义的动态理解，《世界汉语教学》第3期。

邵敬敏（1993）量词的语义分析及其与名词的双向选择，《中国语文》第3期。

邵敬敏（1996）动量词的语义分析及其与动词的选择关系，《中国语义》第2期。

邵敬敏（2007）《现代汉语通论》，上海：上海教育出版社。

沈家煊（1995）"有界"与"无界"，《中国语文》第5期。

沈家煊（2000）认知语法的概括性，《外语教学与研究》第1期。

石毓智（2001）表物体形状的量词的认知基础，《语言教学与研究》第1期。

司徒允昌（1991）论汉语个体量词的表达功能，《汕头大学学报》（人文社会科学版）第1期。

孙汝建（1996）关于量词"个化"论的思考，《云南师范大学学报》（哲学社会科学版）第1期。

孙小婷（2020）汉语量词在教材与大纲中的分布研究，吉林大学硕士学位论文。

谭佳慧（2020）汉语量词"种"的对外汉语教学研究，湖南师范大学硕士学位论文。

唐旭（2020）蒙古国大学生习得汉语名量词偏误研究——以蒙古国语言文化学院为例，渤海大学硕士学位论文。

王力（1943/1985）《中国现代语法》，北京：商务印书馆。

王力（1957/2004）《汉语史稿》，北京：中华书局。

王菊阳（2018）不定量词"点"与"些"的对比及教学设计，陕西师范大学硕士学位论文。

王希杰（1990）论潜量词的显量词化，《语言教学与研究》第1期。

邬立帆、胡云晚（2021）同义量词"幢"与"栋"的混用与竞争，《浙江科技学院学报》第4期。

吴长安（2006）现代汉语数范畴说略，《东北师大学报》第3期。

武氏惠（2014）现代汉、越语名量词对比研究，西南大学博士学位论文。

邢福义（1996）《汉语语法学》，长春：东北师范大学出版社。

邢福义、汪国胜主编（2003）《现代汉语》，武汉：华中师范大学出版社。

许慎（1985）《说文解字》，北京：中华书局。

薛健（2006）量词"个化"问题管见，《汉语学习》第5期。

姚双云、樊中元（2002）汉语空间义量词考察，《湖南师范大学社会科学学报》第6期。

尤丽娅（2018）塔吉克留学生习得汉语量词的偏误分析，《智库时代》第38期。

俞士汶、朱学锋、王惠（2003）《现代汉语语法信息词典详解》（第二版），北京：清华大学出版社。

张斌主编（2008）《新编现代汉语》（第二版），上海：复旦大学出版社。

张登岐主编（2005）《现代汉语》，北京：高等教育出版社。

张凯伦（2019）动量词"次"和"遍"的偏误分析及教学策略研究，上海师范大学硕士学位论文。

张丽媛（2020）HSK 动态作文语料库中高频集体量词偏误分析研究，西安石油大学硕士学位论文。

张媛（2012）现代汉语动量词层现的认知研究，山东大学博士学位论文。

张志公（1956）《语法和语法教学——介绍"暂拟汉语教学语法系统"》，北京：人民教育出版社。

周国光（1996）为什么量词多用"个"，《语文建设》第 1 期。

周荐之（1983）量词问题拾零，《汉语学习》第 6 期。

周芍（2006）名词量词组合的双向选择研究及其认知解释，暨南大学博士学位论文。

赵元任（1979）《汉语口语语法》，吕叔湘译，北京：商务印书馆。

赵尧尧（2020）留学生形状量词习得研究，上海交通大学硕士学位论文。

郑玉兰（2021）印尼汉语学习者专用动量词习得偏误研究，哈尔滨师范大学硕士学位论文。

朱德熙（1982）《语法讲义》，北京：商务印书馆。

宗守云（2005）量词"组"和"套"对名词性成分的语义选择，《汉语学习》第 4 期。

宗守云（2010）《集合量词的认知研究》，北京：世界图书出版公司。

宗守云、张谊生（2008）对集合量词典型性问题的考察，《上海师范大学学报》（哲学社会科学版）第 2 期。

Erbaugh, Mary S. (1986) Talking stock: The development of Chinese noun classifiers historically and in young children. Craig, colette (ed.), typological studies in language, 399-435, Amsterdam: John Benjamins publishing company.

Goldberg, A. E. (1995) Constructions: A Construction Grammar Approach to Argument Structure. Chicago: Chicago University Press.

Goldberg, A. E. (2006) Constructions at Work. Oxford: Oxford University Press.

Greenberg, J. H. (1963) Universals of Language. Cambridge, Mass: The MIT Press.

Haiman, John (1983) Iconic and economic motivation. Language 59: 781 – 819.

Lakoff. G. & Johnson. M. (1980) Metaphors We Live By. Chicago: The University of Chicago Press.

Langacker, R.W. (1987) Foundations of Cognitive Grammar. Volume 1. Stanford: Stanford University Press.

西光義弘、水口志乃扶編（2004）『類別詞の對照』、東京：くろし出版。

后 记

2021年仲秋，齐沪扬老师嘱我撰写他主持的国家社科基金重大项目"对外汉语教学语法大纲研制和教学参考语法书系（多卷本）"（17ZDA307）中的《量词》。说实话，我既欣喜又忐忑。欣喜的是齐老师一直以来的信任与照顾，忐忑的是自己对于"量词"领域并无太多积累与思考。幸运的是，从搜集整理材料，到分析探究问题，在齐老师与课题组专家的指导帮助下，这本书终于完稿，也算没有辜负齐老师的一片心意。

"量词"一直都是语言学研究的热点，也是国际汉语教师的教学难点。诸如"为什么可以说'一个月'，不能说'一个年、一个天'？""为什么要说一只猫、一头牛、一匹马？""怎么教万能量词'个'？"之类的问题，不止留学生一头雾水，就连汉语母语者也很难说出个所以然。作为一个从事了十余年国际汉语教学的老师，我对上述问题有着浓厚的兴趣，也想要厘清诸多近义量词之间的区别与联系。恰逢齐老师主持的国家社科基金重大项目将《量词》纳入"对外汉语教学语法丛书"，借此契机，我希望能从不同角度将留学生易错、易混淆的量词说得更清楚易懂一些，为从事一线教学的国际汉语教师提供一些参考与力所能及的帮助。

最后，再次感谢齐老师的指导与鞭策，使本书得以按时完成。感谢评审专家的建议与意见，让我少走了许多弯路。感谢家人、朋友的鼓励与支持，你们给了我源源不断的动力。

孙鹏飞
2024年5月